【文献学基本丛书·第一辑】 吴格 主编

王欣夫 编著

文献学与工具书使用法

复旦大学出版社

本书据复旦大学中文系1959年油印本教材整理

总　序

源远流长之中华文明，其声教文物及典章制度，历数千年而迄未中断，实赖于文献之记载与传承。晚近以来文化转型，传统文献以外，又加入外邦文化，中国文献学之畛域大为拓展。生于今世而身为文献学人，非仅知识储备应加宽加厚，研究能力尤须加精加细，然而盱衡中外，实际现状则未容乐观。现代学制及其课程之设置，培养目标以通用型人材为急务，专业学科人材之造就，则有待分阶段完成。置身科技日新时代，人文学科人材之培养本已不易，而文献学人材之造就尤觉其难。文献学之范畴甚广，昔人治史，素重史料、史学及史识，若以此指代文献学研究之内容、方法及观念，两者之内涵庶几相近。文献学作为人文、社科研究之基础学科，征文考献，乃为其根本宗旨。有志研习文史者，舍文献学训练而欲解读先民遗存之典籍，进而认识古代社会之生活及文化，自不免举步艰难，所视茫然，而郢书燕说，所在多有。因此常闻人言，对母语及故国文化之荒疏，已为今人之通病及软肋。

文献学研究无所不包，举凡先民创造所遗，莫不可为考释古今文化现象之材料。其内容虽以文字记载为主，亦包含实物文献；其文本以图书典籍为主，亦重视各类非书资料；其取材以本土文献为主，亦关照域外观念及古书。面对林林总总之史料，调查收集，编目整序，研读判断，整理保护，乃至深入揣摩，著书立说，门类既广，专题林立，终生投入，所获依然有限。利用科技信息技术之进步，当代学人虽拥有"穷四海于弹指，缩千里于一屏"之神通，便利远胜于昔人，但传统文献学之基本训练，如前人于目录、版本、校勘、文字、音韵、训诂诸学科之实践经验，仍不可不讲求并勤于借鉴。由识字断文、释读文本始，进而遍识群书，分析综合，加以拾遗补缺，考订遗文，又能删除枝蔓，探明本旨，至于体味古人语境，还原历史场景，应为从事文献研究之基本目标。

　　文献学训练与研究之主要对象，仍为传承至今之历代典籍。由基本典籍而衍生之各类著述，构成现存古代文献之大海汪洋，其中有关文献研究之专著，所示门径与方法，皆为古人遗惠后世之宝贵遗产。近代以来，文献学前辈董理国故，推陈出新，亦产生大批名家专著，足为今人研修之助。二十世纪至今之文献学名家专著，屡经重版之余，犹未餍读者之求。复旦大学出版社编辑同人有鉴于此，发起编辑"文献学基本丛书"，计划由近及远，选刊久已脍炙人口、至今犹可奉为治学圭臬之要籍，重版以飨读者。选本标准，一则立足于名家专著，选择体量适中、授人以渔，既便文献教学参考，又利于各地初学自修者；二则入选诸书，皆从其朔，尽可能择用初期版本，书重初刻，未必非考镜源流之一助焉。

　　　　　　　岁甲辰仲夏古乌伤吴格谨识于复旦大学光华西楼

目 录

第一章 绪言 ··· 1
　一、文献学的本义与涵义 ······································ 1
　二、学习文献学的要求和目的 ································ 2
第二章 目录 ··· 4
　一、目录的起源 ·· 4
　二、目录学的重要 ··· 5
　三、目录的分类——七略与四部 ····························· 6
　四、目录的体例 ·· 8
　五、史志目录 ·· 11
　六、补史目录 ·· 12
　七、公家藏书目录 ··· 13
　八、私人藏书目录 ··· 15
　九、地方著述目录 ··· 17
　十、专业分类目录 ··· 18
第三章 版本 ·· 19
　一、版本的起源 ·· 19
　二、版本学的重要 ··· 21
　三、版本前的文献资料——甲骨、金石、简牍 ········· 22
　四、未有雕版前的写本 ······································· 26

　　　　五、已有雕版后的抄本 …………………………………… 27
　　　　六、宋以来刻本的优劣 …………………………………… 28
　　　　七、近印本的优劣 ………………………………………… 30
　　　　八、版本的名类 …………………………………………… 31
　　　　九、版本的美术 …………………………………………… 36
　　　　十、版本的鉴别方法 ……………………………………… 36

第四章　校勘（校雠）………………………………………………… 41
　　　　一、校勘的起源 …………………………………………… 41
　　　　二、校勘学的重要 ………………………………………… 42
　　　　三、汉刘向父子的校勘学 ………………………………… 45
　　　　四、唐宋人的校勘学 ……………………………………… 49
　　　　五、清人的校勘 …………………………………………… 51
　　　　六、校勘必广备众本 ……………………………………… 54
　　　　七、校勘的取材 …………………………………………… 56
　　　　八、必通文字音韵训诂 …………………………………… 57

第五章　纂述 ………………………………………………………… 58
　　　　一、纂述的起源 …………………………………………… 58
　　　　二、周秦汉纂述举例 ……………………………………… 60
　　　　三、唐代的五经正义 ……………………………………… 63
　　　　四、《资治通鉴》与《三通》…………………………… 65
　　　　五、宋代的四大书 ………………………………………… 69
　　　　六、明代的永乐大典 ……………………………………… 73
　　　　七、清代的《图书集成》与《四库全书》…………… 75
　　　　八、总集的纂述 …………………………………………… 80
　　　　九、佚书的纂辑 …………………………………………… 84
　　　　十、丛书的纂辑 …………………………………………… 87

目　录

第六章　读书方法 …… 91
- 一、辨别古书的真伪 …… 91
- 二、认识学术的源流 …… 93
- 三、贯通古今语言的变迁 …… 96
- 四、须知分章断句 …… 98
- 五、须勤钞撮笔记 …… 101
- 六、注重实事求是精神 …… 104
- 七、须防考据流弊 …… 107
- 八、须知著书的体裁 …… 110

第七章　工具书使用法 …… 114
- 一、字典和辞典的用法 …… 114
- 二、韵书的用法 …… 117
- 三、类书的用法 …… 119
- 四、目录书的用法 …… 121
- 五、图、表、谱的用法 …… 123
- 六、索引(引得)的用法 …… 125

附　文献学参考资料 …… 129
- 淳熙重修文书式 …… 131
- 绍熙重修文书令 …… 134
- 明讳 …… 135
- 清讳 …… 136
- 通志·校雠略 …… 137
- 汉书·艺文志 …… 157
- 《宝礼堂宋本书录》序 …… 189
- 目录分类表 …… 195

第一章 绪 言

一、文献学的本义与涵义

"文献"两字最早见于《论语·八佾篇》:"子曰:夏礼吾能言之,杞不足征也,殷礼吾能言之,宋不足征也。文献不足故也。足则吾能征之矣。"(朱熹曰:"杞,夏之后;宋,殷之后;征,证也;文,典籍也;献,贤也。言二代之礼,我能言之,而二国不足取以为证,以其文献不足故也。文献若足,则我能取之以证我言矣。")。

《诗·大雅·荡》:"虽无老成人,尚有典刑。"(郑玄笺云:"老成人,谓若伊尹、伊陟、臣扈之属。虽无此臣,犹有常事,故法可案用也。""这里的""典刑"就是指文献)。

"文"指典籍,亦即用文字记录下来之书本;"献"指贤者,所谓"贤者识大,不贤者识小",亦即指知礼之老年人、知识分子。嗣后文献两字成为专名,如《文献通考》、《文献征存录》,以及历史文献、地方文献,等等。

"文献"之涵义,范围甚广,如马端临之《文献通考》,其中共包括二十四类:

1. 田赋　　2. 钱币　　3. 户口　　4. 职役

5. 征榷	6. 市粜	7. 土贡	8. 国用
9. 选举	10. 学校	11. 职官	12. 郊社
13. 宗庙	14. 王礼	15. 乐	16. 兵
17. 刑	18.《经籍》	19. 帝系	20. 封建
21. 象纬	22. 物异	23. 舆地	24. 四裔

全书三百四十八卷,包括各方面之学术知识,其中经籍一类占有七十六卷为全书之重要部分。可见典籍之重要,亦即文献之研寄,梁启超云:"我国史家浩如烟海之资料,苟无法以整理之耶?则诚为一堆瓦砾,只觉其可厌。苟有浩以整理之耶?则如在矿之金,采之不竭。学者任研治一部分,皆可以名家,而其所贡献于世界者,皆可以极伟大。"(《中国历史研究法序》)然则文献者,亦可谓研究任何学术之资料。今人常言资料缺乏,而不知随地都有,俯拾即是。彼由于不识文献,并不知运用方法耳。

文献的范围既极广大,而以典籍为资料之所寄,所以现在文献学一课,即以典籍为基本内容。分为七章:1.目录,2.版本,3.校勘,4.编纂,5.读书方法,6.工具书用法,7.要籍介绍。*

二、学习文献学的要求和目的

一要知有些什么书;
二要知何种是可靠的版本;

---

* 第七部分"要籍介绍"正文阙,在原书后有附录:"文献学参考资料"。

三要知做研究工作的基本条件；

四要知如何查参考书；

五要知读书方法；

六要知工具书的用法；

七要知书籍的主要与次要。

以上几点，是现在学习所急迫需要的。而他的总的要求，就是读书！总的目的，就是怎样来读书！

文献学是一个开发宝库的钥匙，有了他，才能取得宝库中的东西。是做研究工作必要的基础，有了他，才能从这基础上建筑起光辉灿烂的八宝楼台。

第二章 目 录

一、目录的起源

何谓"目"?

《论语·颜渊篇》:"颜渊问仁?子曰:克己复礼为仁。……请问其目?子曰:非礼勿视,非礼勿听,非礼勿言,非礼勿动。"案视、听、言、动四者,即是为仁之目也。

何谓"录"?

"録"本字为"彔"。《说文》:彔、刻本彔彔也。(刻本之刀为金属,故后加金旁)。

《周礼·天官职币》:"皆辨其物而奠其录。"

《公羊传·隐十年》:"春秋录内而略外。"案古人文字,著在方册,故谓之录,即从刻木之义而引申之也。

"目录"两字之合用在汉刘向、刘歆之时。刘向《别录》有《列子目录》,刘歆《七略》有《青丝编目录》。

班固《汉书艺文志》曰:"刘向司籍,九流以别。爰著目录,略述洪烈。述艺文志第十。"

又曰:"刘向校书,每一书已,辄条其篇目,撮其意恉,录而奏之。"

案图书之目录,发生最早,发展甚遍,其为学者所研究,且成为一切学术之纲领,故成为一种专门之学术也。

二、目录学的重要

目录学与校雠(校勘),二者有密切联系。如刘向《别录》,注重于校雠;刘歆《七略》,则注重于目录。

目录学之名,最早提出者为清代之王鸣盛,所谓"目录之学,学中第一紧要事"(《十七史商榷》)。

目录学之内容有——

1. 纲纪群籍,簿属甲乙之学:

古人著书,必有标目,随事之义,则括一篇之旨,如庄子之《逍遥游》、《齐物论》、《养生主》等篇,因篇命题,则摘篇首之字,如庄子之"秋水""马蹄"等篇。其他如《诗经》、《论语》、《孟子》等之篇名亦皆如此。此为一书内之目录。书籍既繁,名目益滋,后人乃为之纲纪之,汇集群籍之名为一编,而标其书之作者篇卷,或以书之性质为次,或以书之体制为次,要皆但记书名;而于其书中之旨趣,不复详加论列,此为群书之目录,如刘歆之七略,后世目录,导源于此。其后进而商榷其体例,改进其部次,乃成为目录之学。

2. 辨章学术,剖析源流之学

目录不仅为纲纪群籍部属甲乙而设,要必在周知一代之学术,与夫一家一书之宗旨,而后乃可以部次类居,无凌乱失纪杂而寡要之弊。如是则书虽不传,而后人览其目录,可知其学之属于何家?

书之属于何派？且古今学术之隆替，作者之得失，亦不难考索而得。

3. 鉴别旧椠，雠校异同之学

纲纪典籍，本重校雠；而校雠之事，则必广征众本，互勘异同。如刘向校书中秘，每一书竟，表上辄言广稽众本；有所谓中书者，有所谓外书者，有所谓太常太史书者，有所谓臣向书臣某书者。刘向必广求诸本，互资比较乃得雠正一书，则旧本异本之重视，盖可知矣。故欲为目录之学，必当标举异本旧椠，以便互勘异同。

4. 提要钩元，治学涉径之学

学术万端，无能遍识，故必有目录为之指示其途径，分别其后先，使学者得此一编，而后从事于四部之书，不难识其指归，辨其缓急，此乃目录学之本旨。如晁公武之《郡斋读书志》，陈振孙之《直斋书录解题》，龙启瑞之《经籍举要》，张之洞之《书目答问》或指示其内容，或详注其板本；其目皆习见之书、其言多甘苦之论。彼其所以津逮后学，启发群矇者，为用至宏。故提要钩元之目录，乃最切实用之目录。

三、目录的分类——七略与四部

秦政燔灭诗书，典籍荡然。汉惩秦失，大收篇籍。迄于孝武，书缺简脱。于是建藏书之策，置写书之官；下及诸子传说，悉充秘府，迄于成帝，又以书颇散亡，乃使谒者陈农求遗书于天下。诏光禄大夫刘向校经传、诸子、诗赋；步兵校尉任宏校兵书；太史令尹咸校术数；侍医李柱国校方技，每一书就，向辄条其篇目，撮其指意，录而奏之,是曰《别录》。刘向既卒,哀帝复使向子歆卒其父业。歆于是总群书而奏其七略。所谓七略者:即辑略、六艺略、诸子略、诗赋略、兵书略、术数略、方技略。

班固取刘歆《七略》,删要以志艺文,惟《艺文志》存其大略而去其辑略。或谓刘歆辑略所陈,其要旨已删存于《艺文志》之总论及后论之中。则《艺文志》虽无辑略之名,实存辑略之实。

七略编目之义例:

1. 依学术性质分类

如在《六艺略》中分为:易、书、诗、礼、乐、春秋、论语、孝经、小学各类。

2. 同类之书约略依时代先后为次

大致以作者时代早者排列于前,时代晚者排列在后。

3. 书少不能独成一类者,附入性质相近之类

如《太史公百三十篇》附入春秋类。

4. 学术性质相同者,再依思想派别或体裁歧异分类

如《诗赋略》之"赋"分为:屈原以下赋、孙卿以下赋、陆贾以下赋,类又有杂赋、歌诗等类。

5. 一书可入二类者,互见于二类

如《七略》兵书权谋家有伊尹、太公、管子、荀卿子、鹖冠子、苏子、蒯通、陆贾、南王九家之书,而又分见于儒家、道家、纵横家、杂家。

6. 书中有一篇可入他类者,得裁篇别出

如《管子》中之《弟子职》一篇,又入《六艺略》小学类。

7. 摘录叙录之纲要

有对作者的说明;有对书之内容的说明;有对著作者年月的说

明之有对于书的来历的说明。

8. 有书目而无篇目

《别录》详而《七略》略,故略去篇目,如今《汉书·艺文志》之式。

9. 每种书目之后有小序,每略有总序

小序有偏重叙述经师传授;有偏重于思想之优劣。总序则多综述古学而总评之。

魏晋以来,学术日歧,典籍弥众。《七略》所部,已难尽遵。于是不得不别用概括之法。出附庸为大国,纳细流于巨川。而四部分类之法,遂得以乘时而起。魏承汉业,文籍逾广,多藏秘府中外三阁。时方多故,未遑细绎,魏之末年,郑默仕魏为秘书郎,乃得以考核旧文删省浮秽;于是有《中经》之作。逮于晋初,领秘书监荀勖与中书令张华整理书籍,又得汲冢中古文竹书,诏勖撰次。勖乃因郑默《中经》,更著《中经新簿》。总括群书,分为四部:一曰甲部,纪六艺及小学等书;二曰乙部,纪古诸子及近世子家;三曰丙部,经史记旧事皇览簿杂事;四曰丁部,纪诗赋图赞及汲冢书。

唐太宗诏于志宁等修五代史志,后魏徵据之编《隋书·经籍志》,分为经、史、子、集四部似受荀勖的暗示,惟易甲乙丙丁为经史子集耳。所不同者,乙部为诸子而今改次第三,丙部为史记而今改次第二。以后之目录遂大都授用四部之法。

四、目录的体例

《汉书·艺文志》编目体例:首为总叙,叙汉室藏书校书之源流，次列书目撰人篇数，其例有五：

1. 有著书名而后系撰人篇数者

如《易经十二篇》施、孟、梁丘三家。

2. 有先著撰人而后系书名篇数者

如刘向《五行传记》十一卷。

3. 有仅著书名篇数而不录撰人者（或因未详何人，或因多人积累。）

如《周书》七十一篇。

4. 有即以撰人为书名径系篇数者

如《太史公百三十篇》。

5. 有加文体于撰人后即以为书名而系以篇数者

如《屈原赋》二十五篇。

《汉书·艺文志》注文体例：

1. 介绍撰人

如《杨氏》二篇名何、字叔元，蕾川人。

2. 介释书之内容

如《古五子》十八篇自甲子至壬子、说易阴阳。

3. 说明书之来历

如《论语古二十一篇》出孔子壁中……。

4. 记载篇目之多寡

如《齐二十二篇》多问王、知道……。

5. 断定书之存佚

如《太史公百三十篇》十篇有录无书。

6. 补注书之撰人

如《楚汉春秋》九篇陆贾所记。

7. 判定书之时代及真伪

如《力牧》二十二篇六国时所作、托之力牧、力牧黄帝相。

凡注文中不标明注者名字者皆班固原注。凡如淳曰、师古曰、宋祁曰等为后人所加注。

《隋书·经籍志》比较简单，一般为书名、卷数、作者姓名（于姓名前加上官衔）其特点为指出书之存、亡、残缺：

如《楚兰陵令荀况集》一卷残缺梁二卷。

现存目录之体例，可分为有解题、无解题二种。无解题者源于刘歆之"七略"，最早者为南宋时尤袤之"遂初堂书目"，最简陋者为明代之"文渊阁书目"，有解题者源于刘向之"别录"根据其内容之不同，又可分为若干类：

1. 能一切详尽者

如宋"崇文总目"、清"四库提要"等。

2. 时有所偏者

如宋晁公武"郡斋读书志"、陈振孙"直斋书录解题"等。

3. 注意版本者

如清钱曾"读书敏求记"、黄丕烈"荛圃藏书题识"等。

4. 备录成说以备考证者

如清朱彝尊"经义考"、谢启昆"小学考"、黎经诰"许学考"等。

5. 述书之内容以便读者

如清"周中孚郑堂读书记"，梁启超"要籍解题"、吕思勉"经子解题"等。

五、史志目录

史志目录有二类：一类包括前代著作，为通史性质，如《汉书艺文志》、《隋书经籍志》。又一类仅著录当代著作、为断代史性质，如《宋史艺文志》等。二十四史中（如加入《清史稿》应为二十五史），《史记》无《艺文志》，故以《汉书艺文志》之时代为最早。此外，《后汉书》、《三国志》、《晋书》、《宋书》、《南齐书》、《梁书》、《陈书》、《魏书》、《北齐书》、《周书》、《南史》、《北史》、《旧五代史》、《五代史记》、《辽史》、《金史》、《元史》皆无《艺文志》，《旧唐书》有《经籍志》，《新唐书》、《宋史》、《明史》皆有《艺文志》。当时各史中之所以无艺文志者，可能为搜集材料困难所致。

《隋书经籍志》提出书之五厄：

1. 秦始皇焚书。
2. 董卓之乱，献帝西迁，图书缣帛、军人取为帷囊。
3. 晋惠、怀之乱，京华荡覆，渠阁文籍，靡有孑遗。
4. 齐末兵火，延烧秘阁，经籍遗散。
5. 梁元帝收公私经籍归于江陵，周师入郢，咸自焚之。

对《汉书艺文志》作专题研究者有：宋王应麟《汉书艺文志考证》，清姚振宗《汉书艺文志条例》等。

《隋书经籍志》有：清章宗源《隋书经籍志考证》（已不齐，只剩史部）、姚振宗《隋书经籍志考证》等。

《旧唐书艺文志》系根据秘府之藏书编成，故不甚完备。

《新唐书艺文志》除秘府藏书之外，兼收其他之书，因之比较详细。

《宋史艺文志》系以《崇文总目》及《中兴馆阁书目》为底本编成，因之北宋部分就较为详细和完整，南宋部分之重复、残缺、错误者甚多，而咸淳以后之著作则未编入。

《明史艺文志》系根据黄虞稷之《千顷堂书目》编成。

清史至今仅有赵尔巽之《清史稿》有《艺文志》，但遗漏者甚多。

六、补史目录

《汉书艺文志》系根据刘歆之《七略》，而《七略》所录止于成帝，刘歆完成《七略》时，距王莽篡位尚有三十年，因之其中即无成帝至王莽这一阶段中之著作。其后班固所补，亦仅刘向、杨雄等少数人之作品而已。而这一阶段之前的作品亦有遗漏者，如《萧何之律》、《叔孙通之朝仪》，汉书艺文志中亦不见著录，可见其他遗漏者尚多。某些著作目前依然存在，而《汉书艺文志》不予著录，如董仲舒之《春秋繁露》、杨子云之《方言》等。亦有《汉书艺文志》不见著录，而在其他著作中曾提及者亦甚多。清姚振宗作《汉书艺文志拾遗》，补作者姓名二八五人，书三一七部。

《隋书经籍志》主要系根据阮孝绪之《七录》，杨守敬、张鹏一均作有补遗。

补《后汉书艺文志》者有六、七人，内容大致相同，但各有详略，其中以姚振宗成就最大，所补有一千种以上。

补《三国志艺文志》者为侯康，未完成。姚振宗亦有补，所收有一一二二种。

补《晋书艺文志》者亦有六、七人，以文廷式所补者材料最为丰富，有二二九六种。

补南北史《艺文志》者为汪士铎，但原稿已遗失。近人亦有为之作补者，惟成绩不佳。

宋书、南齐书亦曾有人作过补《艺文志》之工作，梁、陈、北齐、周则尚无。

《宋史艺文志》亦有人作补。此外如王仁俊有《补西夏艺文志》，顾怀三有《补五代艺文志》，卢文弨有《补辽金元艺文志》，王仁俊有《补辽史艺文志》，杭世骏及孙德谦皆作有《补金史艺文志》，钱大昕有《补元史艺文志》。以上各书均收入《二十五史补编》（开明版）。

七、公家藏书目录

《七略》本为公家藏书目录，后班固据之编为《艺文志》，遂成为史志目录。据《隋书艺文志》著录，公家藏书目录有三、四十种之多，但已失传。现存公家目录之时代最早者当推宋代。

1.《崇文总目》

宋仁宗最祐初王尧臣、王洙、欧阳修等编。其所根据者为崇文院之藏书，因名之为"崇文总目"。原书共著录三万六百六十九卷，分类编目，总成六十六卷，有解题。南宋时郑樵作《通志》，谓其解题文繁无用,因去其序释,仅存书目。清代收《四库全书》时,仅存十二卷。钱东垣辑成《崇文总目辑释》五卷。

2.《中兴馆阁书目》

南宋时陈骙等编。原书三十卷,已佚。近人赵士炜辑成五卷。

3.《文渊阁书目》

明初杨士奇编。二十卷。其所载书多不载撰人姓氏,有册数而无卷数,惟略记若干部为一橱,若干橱为一号而已。此书不分经史子集,以千字文排次,自天字至往字凡得二十号五十橱。

4.《内阁藏书目录》

明末万历时张萱等编。八卷。部分书目下有简单提要。

5.《四库全书总目提要》

清乾隆时纪昀等编。二百卷。是书体例颇为完善,不仅指出各书之内容来源,并指出其书之优点,对之作出评价。其未收入四库者,另附存目。因全书篇幅浩繁,同时另编《四库简明目录二十卷》(不收存目)。

该书主编者为纪昀,经部负责者为戴震,史部邵晋涵,子部周书昌,其他有姚鼐、翁方纲等,皆为当时知名学者。此书除著录内库藏书外,尚征求民间之藏书,共著录三千四百五十多种,七万八千七百六十二卷,每部三万六千多册。当时共抄七部,分存于七阁:京内文渊阁;圆明园文源阁;奉天文溯阁;热河避暑山庄文津阁;扬州大观堂文汇阁;镇江金山寺文宗阁(一作文淙);杭州文渊阁。

其主要缺点为:禁毁与抽毁;不收道教及佛教书;不收戏曲小说。

6. 天禄琳琅

清乾隆时于敏中编。十卷。此书系据清代宫中藏书之善本编成，其次序以宋金元明刊版朝代为次，仍以经史子集分类，其明影宋钞之精者亦皆选入。或一书而两刻皆工，一刻而两印皆妙者则并登之。每种详其锓刻年月及收藏家题跋印记，为嗣后鉴赏目录之先声。嘉庆时，彭元瑞编《续编》十卷。

近代著录善本书者有《北京图书馆善本书目》，搜罗完备者有《南京国学图书馆书目》，两书皆无提要。

八、私人藏书目录

1.《遂初堂书目》

南宋时尤袤编。一卷。一书而兼载数本，以资至考。不载卷数，撰人之名字亦不齐，亦有一书隅然复见者，又有姓名讹异者。

2.《郡斋读书志》

宋晁公武撰。始南阳井宪孟为四川转运使，家多藏书，悉举以赠公武，乃躬自雠校，疏其大略，为此书。以时万守荣州，故名"郡斋读书志"。共收一千一百多种，有提要。现有两种版本：赵希井所论四卷，称袁州本；姚应绩所编二十卷，称衢州本。四部丛刊所收之袁州本系据宋本影印，较二十卷之衢州本为佳。

3.《直斋书录解题》

宋陈振孙撰。以历代典籍分为五十三类，各详其卷帙多少，撰人名氏，且为品题其得失，故曰解题。其书不标经史子集之目，然核其次第,实仍以四部为先后。原书文佚,《四库》从《永乐大典》中辑出,得二十二卷。

4.《千顷堂书目》

明末清初时黄虞稷撰。三十二卷。所录多明一代之书;每类之末,各附以宋金元人之书。然既不赅备,又不及于五代以前,其意在补史志之缺。其别集以朝代科分为先后,无科分者则酌附于各朝之末,体例可云最善。

5.《读书敏求记》

清初钱曾撰。四卷。此书专记宋版元抄,及书之次第完阙,古今不同者,其性质与天禄琳琅相类,共收六百种。后章钰为之作校证。

6.《汲古阁珍藏秘本书目》

明毛扆编。是书所录为毛氏藏书之一部分,注明刻本及抄本,宋版或元版等,下面具有价格,实为当时之一篇书帐而已。

7.《天一阁书目》

清嘉庆时范懋柱编。十卷。天一阁藏书之起始者为明嘉靖时之范钦,其藏书之历史最为长久。其藏书之最有价值者为历代地方志及登科录。后藏书陆续有散失,薛福成乃编成《天一阁现存书目》六卷,其后屡经续编。

清末有四大藏书家:常熟瞿镛聊城杨以增杭州丁丙(或谓丰顺丁日昌持静斋。)湖州陆心源。四家所藏之书籍,均为善本。

瞿氏为常熟派大收藏家,著有《铁琴铜剑楼书目》,有解题,亦有考证,以评价版本为主,为私人藏书目中最有价值者。藏书现藏北京图书馆。

杨氏藏书处曰海原阁,著有《楹书隅录》。其藏书已散佚四方。

丁氏有《善本书室藏书志》,其精仅次于《铁琴铜剑楼书目》。其藏书已于清末售与南京国学图书馆。

陆氏有《皕宋楼藏书志》,体裁系仿朱彝尊《经义考》。其藏书于前清光绪中叶售与日本静嘉堂。

九、地方著述目录

地方著述目录原附于方志之中,其最早见于南宋嘉定时高似孙所编之《剡录》。其目录分为书、文两部:书部专收当地人之著作,而文部则收集有关当地掌故的诗文,后人合并为一,称之为艺文。

方志编修时,大都由地方官负责,因之往往会流于官样文章,敷衍塞责,草率成书,内容不甚可靠,惟作为参考资料,尚有其一定之价值。现存方志不下四、五千种,惟大都无艺文志。

清代孙诒让著《温州经籍志》,为地方目录中之最精者。目录下撰有提要,并对一些失传之书,搜集了不少材料。其后模仿者甚多,如:

《台州经籍志》(项元勋)
《金华经籍志》(胡宗楙) 有考证及原书序跋
《平湖经籍志》(陆清澄)

《海昌艺文志》(管庭芬) 无提要。
《江阴艺文志》(金武祥)

十、专业分类目录

藏书家之目录，仅凭个人兴趣，及意在求备，故所收之书各类皆有，往往杂而不精，又藏书极易散失，时常有目而无书。专业分类目录至清代而逐渐发达，其种类甚多。经部如朱彝尊《经义考》，史部如章学诚《史籍考》、（未成）近人谢国桢《晚明史籍考》。地方有《各地通志及府县志中之艺文》，一九三五年北平图书馆编方志目录，所收全国各地方志达五千二百多种，其有艺文的都注出。金石如容媛《金石书目录》，收八百多种；林钧《石庐金石书志》，有提要，收九百六十九种，皆收现存之书。目录有北平图书馆之《目录目》（一九三四年编），收有目录近十种；诗文、戏曲、小说等方面有王重民《清代文集篇目分类索引》，王国维《曲录》，黄文旸《曲海总目提要》，孙楷第《中国通俗小说书目》等。此外，如甲骨、印谱、钱币等皆有专门目录。此类目录，为一般所需要，故此据势必大大的发展。各种专题论文索引，亦属此类。

第三章 版 本

一、版本的起源

宋以前，尚无"版本"之名，一般称之为"书本"。如北齐时颜之推之《颜氏家训》称南朝书本为"江南书本"，唐时颜师古注《汉书》常引用"流俗书本"。

"版本"两字，最早见于宋叶梦得之《石林燕语》："雕板谓之板，藏本谓之本。藏本者，官私所藏，未雕之善本也。自雕板盛行，于是板本二字合为一名。"

有谓雕板于隋代者，明陆深《河汾燕闲录》引"隋开皇十三年十二月八日，敕废象遗经，悉令雕造"之语，遂谓唐以前已有雕板，然陆氏此语本隋《费长房三宝记》，其文本曰"废象遗经，悉令雕撰"，其意本谓废象则重雕，遗经则重撰也。故雕板始于隋为不可信。

据现有材料考之，刻板当始于唐代。唐元稹《白氏长庆集序》云："至于缮写模勒衔卖于市井，或持之以交酒茗者，处处皆是。"其序作于长庆四年，可见其时已时刻板之书流行。而世传唐版书之最早者，当为唐懿宗咸通九年所印之《金刚般若波罗蜜经》（现藏伦敦之不列颠博物院）。卷末有"咸通九年四月十五日王玠为二亲敬造普施"一行；卷首有佛说法图一幅，画笔线条细劲。此为全世界仅存有年代最古之版本书。从其刻工艺术言，我国之有刻本流通，可能早于咸通以前。除前引《白氏长庆集序》有"缮写模勒"之语外，司空图之《一鸣集》载有《为东都敬爱寺讲律僧惠确化募雕刻律疏》一文，可见唐时刻板已盛行。惟当时所刻者大都为小品，大部著作之刻板者尚不多；所刻以佛经为多，如金刚经之类。佛经以外，间亦旁及其他字书，小学之类，捃唐柳玭"家训序"云："中和三年癸卯夏，銮舆在蜀之三年也。余为中书舍人，旬休，阅书于重城之东南；其书多阴阳杂记、占梦、相宅、九宫五纬之流，又有字书小学，率雕板印纸，浸染不可晓。"可见至唐代末季，刻书之范围已大为推广矣。

雕板虽始于唐，而盛行于五代。五代时之刻书，又可分之为公刻及私刻二类：

其提倡官刻书甚力而又成绩卓著者，为五代时之冯道。薛居正《旧五代史·唐书明帝纪》云："长兴三年二月辛未，中书奏请依石经文字刻九经印板，从之。"未完成而后唐亡，至后汉乾祐时才补刻完成，因刻于国子监，后来称之为"监本"。又王溥《五代会要》云："周太祖广顺六年月，尚书左丞兼判国子监事田敏，进印板九经书、《五经文字》、《九经字样》各二部，一百三十册。"又："世宗显德二年二月，中书门下奏国子监祭酒尹拙状称：准勅校勘《经典释文》三十卷，雕造印板；欲请兵部尚书张昭、太常卿田敏同校勘。敕：其经典释文已经本监官员校勘外，宜差张昭、田敏详校。"于是大部之经典亦有刊板矣。监本之九经不仅时代最早，而雕刻亦极为讲究，惜已失传。

私刻本如后蜀毋昭裔于广政十六年刻《文选》、《初学记》、《白氏六帖》等书。是时亦有自刻己集者，如薛居正《旧五代史·和凝传》云："平生为文章，长于短歌艳曲，又好声誉，有集百卷，自篆于版，模印数百帙，分惠于人焉。"又贯休《禅月集》有王衍乾德五年昙域《后序》称："检寻藁草及暗记忆者约一千首，雕刻成部。"可见其时刻板风行，举之甚易，故上自公卿，下至方外，皆得刻其私集，流播一时。此为五代刻本之见于载籍者。

清光绪庚子(公元一九〇〇年)，甘肃敦煌县鸣沙山石室出《唐韵》、《切韵》二种，为五代细书小板刊本，此为五代版刻之仅存者。惜为法人伯希和所取，现藏巴黎图书馆。一九二四年杭州雷峰塔倾圮，发现五代时之佛经多种。中有吴越忠懿王刻《一切如来心秘密全身舍利宝箧印陀罗尼经》一卷、印模工丽，白棉纸，韬以黄绫，此亦五代刻版之仅存者也。

二、版本学的重要

根据可靠之材料，加以分析研究，才有可能得出正确之结论；如所据者为具有错误之材料，当然不能从而得出正确之结论。故材料之正确与否，与研究工作之关系甚大。

版本之有价值者，不外乎古刻与精刻二种、刻本之时代愈古，则距离作者之时代愈近，错误就愈少；精刻本于刻时较为慎重，且多经名家校勘，因之内容亦较为可靠。从实用意义言之，精刻本对学者更为有用。明代人好刻书,然其最大坏处在于妄改古书,如改《金石录序》之"壮月"为"牡丹";改《易林》之"环堵倚钼"为"环绪倚钼","井堙本刊"为"井堙水刊"之类;甚至有连书名亦为之更改的,如改唐刘肃"大唐新语"为"唐世说新语",改汉刘熙"释名"为"逸雅"等,不一而足。而古代之著作,由竹简而木板,而布帛,而纸;由抄本而刻本,而活字本。由于年代之远,几经辗转翻刻,加以书坊肆因牟利而删节,或由于学识浅薄而妄改,因之脱误日增。故如何识别版本之优劣,实为治学者之重要内容之一。

一般应用之善本,系指:1.足本:无缺卷,未删改(如四部丛刊三编所收之宋淳祐袁州刊本《昭德先生郡斋读书志》,其内容较之衢州本为完善);2.精本:精校、精注(如清阮元所刻之南昌府学本《十三经注疏》,附校勘记极精);3.旧本:旧刻、旧抄(如宋景祐刊本《汉书》、述古堂精抄本《温庭筠诗集》等)。

三、版本前的文献资料
——甲骨、金石、简牍

1. 甲骨

甲骨系指刻有文字之龟甲及兽骨(兽骨中有牛骨、鹿骨、人骨等),古代人以龟甲兽骨作为卜筮之用,占卜时,即于甲骨之上写刻所问之事及日后之应验,因之甲骨文大部分为"卜辞"。

其实物之发现,乃最近数十年间之事。前清光绪二十五年(公元一八九九年),河南安阳小屯村之农民,于田中挖掘得大量甲骨,以为药材,售给当地之药材店,并以之作为刀疮药。于是大量遭到毁灭。有人拣选其中较完整者,运至北京贩卖,为王懿荣所得,王乃出重价至当地收购。后经各方考证,乃知发现甲骨之地区为殷代盘庚建都之殷墟,故亦称甲骨文为殷墟文字。从出土之甲骨文中,已考证出一些帝王及伊尹之名,方肯定其为殷商时代之遗物。目前我们知道的文字,时代最早者为周代之籀文及古文,因之甲骨文之发现,为研究我国古代历史提供了极为宝贵之参考资料。

继王懿荣后对甲骨文进行研究者有罗振玉、王国维等,据罗氏之分析,甲骨文之内容包括都邑、人名、地名、文字、卜辞、礼制、卜法、帝王等。更具体可分为六项:

甲、祭祀:对祖先与自然神祇的祭祀与告求等;

乙、天时:风雨啓水及天变等(啓,雨而昼晴也);

丙、年成:年成与农事等;

丁、王事:田猎、游止、疾病、生子等;

戊、征戍:与方国的战争及交涉等;

己、旬夕:今夕来旬的卜问。

2. 金石

"金"原指青铜器,"石"指石刻。金文之见于文字记录者,如《史记》中提到之"黄帝盘盂",其上刻有文字;《大学》中之"苟日新,日日新,又日新",即为《成汤盘铭》。可见古代往往于用器上刻上文字,而其文字则含有警诫之意。另一种刻于祭器上,如鼎、彝之类,其文字内容大都为叙述祖先之功业,为殉葬之物。文字少则一二,多则数百字,大都为周代之物。现上海博物馆所藏之盂鼎,为文字最多之一。此种刻于青铜器上之文字,称之为"钟鼎文"、"彝器文"或"金文"。

石刻亦有很古之文字,如《史记·封禅书》云:"管仲曰:古者封泰山禅梁文者七十二家,而夷吾所记者,十有二焉。"(现泰山上所存者仅唐玄宗之纪泰山铭)。现存实物之可靠者为石鼓文,现存十鼓,前人曾以为是周宣王时之物,现考证为秦代之物,为石刻中之最古者。石鼓文为四言韵文,与诗经相接近。

东汉熹平四年,蔡邕以五经刻于石,系用隶书写刻,后人称之为汉熹平石经。

魏正始时,邯郸淳以隶、篆、古文三种字体刻经于石,称为魏正始石经,又称为三体石经,近年陆续有所发现。

唐开元时,郑覃亦以十三经刻于石,成于开成,称为唐开成石经。该石刻现尚完整,保存于陕西长安之碑林。

五代时有蜀石经,宋时有嘉祐石经,已不完整。此外佛经民道家之经典亦有石刻。宋以后虽仍有刻石经者,如清石经,但以雕板印刷发明之后,获得书本之机会增多,石经之写刻,已退居次要地位,而不为人们所重视了。

3. 简牍

"简"又称"简策","策"即"册",杜预"春秋序"云:"大事书之于策,小事简牍而已。"孔颖达疏云:"单执一札谓之简,连编诸简,乃各为策。"蔡邕《独断》云:"策者,简也。"可见简、策(册)本为一物,策乃众简相连之称。

"简"即竹简,其尺寸长短,每因时代而有所不同。春秋战国时简策长者二尺四寸,其次一尺二寸,再次八寸。《仪礼·聘礼疏》引《郑氏论语序》云:"《易》、《诗》、《书》、《春秋》、《礼》、《乐》册皆尺二寸(当依《左传疏》引作二尺四寸),《孝经》谦半之,《论语》八寸策者三分居一,又谦焉。"可见当时之简策,其大小不一。至汉代,其尺寸又与以前有所不同,如蔡邕《独断》云:"策者,简也。《礼》曰:不满百文不书于策。其制长二尺,短者半之。"可见当时有二尺及一尺之简策。

由于简之长短不一,因之字数亦有差异,有多至三、四十字一简者,亦有一简仅八字者。如《左传》服虔注云:"古文篆书,一简八字。"一般则在二十二至二十五字之间。如《汉书艺文志》云:"刘向以中古文校欧阳大小夏侯三家经文,《酒诰》脱简一,《召诰》脱简二。率简二十五字者,脱亦二十五字,简二十二字者,脱亦二十二字。"由此可见其一斑。

简书大抵以漆为之,如《后汉书·杜林传》云:"于西州得漆书古文尚书一卷。"又《晋书·束晳传》云:"太康二年,汲郡人发冢、得竹书数十车,皆简编,科斗文字杂写经史。"漆书可改,因之汉时经师有贿兰台令史改漆书经文之事。简亦有以刀刻者,大抵秦汉公牍文,多是刀刻,故《史记》称萧何为秦之刀笔吏。

"牍"即木简,亦称方版。《汉书·昌邑王传》:"持牍趋谒。"师古注曰:"牍,木简也"。其状如笏,其性质与简相同。《礼记·中庸》曰:"文武之政,布在才策。"郑康成注:"方,版也;策,简也。"可见方版与简策无甚区别。然古代使用时亦有一规定,《仪礼·聘礼》曰:"百名以上书于册,不及百名书于方。"("名"就是"字")。此则由于简策之保存较为方便之故也。

古代简牍之实物,据历史记载,曾有三次发现。第一次为晋太康时,据晋荀勖《古文穆天子传序》云:"穆天子传者,太康二年(公元二八一年),汲县民不准盗发古冢所得书也。绵竹简,素丝编。"而据《隋书经籍志》云:"晋太康元年,汲郡人发魏襄王冢,得古竹简,字皆蝌斗。发冢者不以为意,往往散乱,帝令荀勖等撰次为十五部八十七卷。"(现流传者有《竹书纪年》十二卷,《逸周书》十卷,《穆天子传》六卷)。二书所载发现之年代虽有所不同,但可能为同一事情。第二次为南齐时(公元四七九——五〇二年)于襄阳出土之"楚王冢书"(《南史·王僧虔传》)。第三次为宋宣和中(公元一一一八——一一二五年)于陕西出土之木简,据《云麓漫钞》载:"宣和中,陕右人发地,得木简,字皆草书,乃永初二年(公元一〇九年),发夫讨畔羌檄。"其实物现皆不存。

最近数十年间,曾于敦煌之玉门,居延海等地发现西汉至晋这一阶段之简牍,其中竹简甚少,多数为木牍,内容大都为当时防戍边疆之公牍之类;敦煌石室曾发现汉代人所书之《急就篇》。可惜多数为帝国主义者掠夺盗窃而去。

参考书:罗振玉:《殷墟书契前》、《续编》;罗振玉:《三代吉金文存》;王昶:《金石萃编》;罗振玉:《流沙坠简》;劳榦:《居延汉简考释》。

四、未有雕版前的写本

一般习惯称唐以前之抄本为写本,宋以后为抄本。唐以前之写本,又可分为古写本、六朝写本、唐写本、敦煌本、日本古写本等数类。

古写本系指六朝以前之写本，如新疆发现之《三国志》残页，其时代大致为六朝以前之物；又西凉所发现晋永和时之《李柏书稿》，亦包括于古写本之内。

六朝写本指六朝时之写本，如在日本发现之《礼记子本疏义》，即为六朝时人所著，为六朝时写本。

唐写本现存者较多，如《唐写本说文木部》、陆法言《切韵》、许敬宗《文馆词林》等。唐写本以佛经为多，几乎每经皆有唐代写本。

敦煌本系泛指最近数十年来于敦煌发现之古代写本，其时代自六朝至唐五代，其内容则经、史、子、集各部皆有，其中大部分为帝国主义者掠夺而去。如未经天宝改字之《古文尚书孔氏传》及陆氏《经典释文》，陆法言《切韵》，孔衍《春秋后语》，《老子化胡经》，《玄谣集》杂曲子，以及唐人小说、变文，等等，皆为宋元以来所未见之书。

日本古写本系指其抄写时代相当于我国唐代之日本古代写本，日人山井鼎有《七经孟子考文》，其中收有很多日本古写本。

古写本之时代较早，由于古写本之发现，我国部分已失传之古代著作，得赖以流传；更由于其抄写时代与原作之时代较为接近，因此可以据之校正某些刻本由于转辗翻刻而发生之错误，对于学术研究，具有极重要之价值。

五、已有雕版后的抄本

雕板印刷仅选择某一本子加以雕刻，未能偏及群书，因之必须以抄写补雕板之不足，前人作研究工作，亦有藉抄写以加深印象者，因之自宋代以来，刻板虽已流行，而抄写者仍不乏人，探其原因，约有下列数端：

1. 版本不能偏及群书，仍有赖抄本以传者；
2. 版本所据非善本，其定本或足本仍赖抄本以传；
3. 版本或多误字，有赖抄本校正者；
4. 名家手抄，兼可作艺术品看；
5. 影抄宋本，既留其真，又广其传。

历代著名之抄书家甚多，如明代吴宽"丛书堂"（用红格纸，版心有"丛书堂"三字），姚咨"茶梦斋"（版心有"茶梦斋抄"四字），祁承㸁"澹生堂"（版心有"澹生堂抄本"五字），毛晋"汲古阁"（版心有"汲古阁"三字，格栏外有"毛氏正本汲古阁藏"八字），钱曾"述古堂"（格栏外有"虞山钱遵王述古堂藏书"十字，或"钱遵王述古堂藏书"八字）。清代如朱彝尊"潜采堂"（用毛泰纸，无格栏），赵昱"小山堂"（格栏外有"小山堂抄本"五字），鲍廷博"知不足斋"（用毛泰纸，无格栏），吴骞"拜经楼"（用毛泰纸，无格栏），汪远孙"振绮堂"（用毛泰纸，无格栏）等。此外如文徵明之"玉兰堂"、钱谦益之"绛云楼"、徐乾学之"传是楼"、惠栋之"红豆斋"、丁丙之"八千卷楼"、钱熙祚之"守山阁"等，皆为抄书家中之佼佼者。

六、宋以来刻本的优劣

自宋代雕版发明以来，历宋、元、明、清四朝，其刻本大致可分为三类：官刻、私刻及坊刻。官刻本以官府之力为之，故雕刻大都精审。私刻本校勘详确，雕刻亦精。惟坊刻本为书贾牟利而刻，因之质量较差，偶亦有质量较高者，数量不多。

南宋建都杭州，经国子监校勘之书，大都在此雕版，为当时雕版印书之中心，为宋版书中之最佳者。宋叶梦得《石林燕语》云："天下印书，以杭州为上，蜀本次之，福建最下。福建多以柔木为之，取其易成而速售，故不能工。"建本中，尤以麻沙本为最劣。私刻本以岳珂之相台家塾刻"九经"、"三传"，廖莹中之彩缘堂刻"五经"、《韩昌黎集》、《柳河东集》为最著。坊刻中以建安余仁仲"勤有堂"，以及临安陈起父子所刻之书为最著。

元代之监、署、各路儒学、书院、医院等皆刻书，其著名者有国子监之《伤寒论》，兴文署之《资治通鉴》、宁国路儒家之《后汉书》、西湖书院之《文献通考》、江西官医提举司之《世医得效方》等等。私刻本之著名者如平阳府梁宅所刻之《论语注疏》、平水曹氏进德斋所刻之巾箱本，《尔雅郭注》等。坊刻书以叶日增之"广勤堂"、刘锦文之"日新堂"为最著。

明代官刻书，推南北京监本为最盛。南监多存宋监、元路学旧版，其无正德以后修补者，其价值不下于宋、元版。北监则大都据南监本重刻，价值较低。其时帝王以内府之书赐予藩王，其中多宋、元旧本；藩邸王孙颇有好学者，故藩府刻书之风甚盛。如蜀府刻《说苑》，秦府刻黄善夫本《史记》等。官刻本中以经厂本及书帕本为最差。家刻本中有极精者，如震泽王延喆刻《史记》，顾春世德堂刻《六子全书》，余姚闻人诠刻《旧唐书》，福建汪文盛刻前、后《汉书》，东吴徐时泰东雅堂刻宋廖莹中世彩堂《韩昌黎集》等皆极精美。其中以常熟毛晋汲古阁所刊印之书为最多。明代之坊刻书极多,其中以刘洪"慎独斋"及刘宗器"安正堂"刻书最多。明代刻本大致可以嘉靖为断限,其刻于嘉靖以前者大都较慎重,且多覆刻宋版者,嘉靖以后之刻本则较差(传奇、曲,嘉靖后之刻本亦佳)。

清代官刻本可分二类:一为帝王于宫廷所刻之书,凡经帝王订定或命人编纂者,全由内廷刊行,称内府本;其在武英殿开雕者,称殿本,校刻皆极精审。一为各地官书局所刻者,称局本。局本中以金陵、浙江二局所刻者较其他局本为佳。家刻本中有校勘极精者,如卢文弨之"抱经堂丛书"、鲍廷博之"知不足斋丛书"、阮元之"文选楼丛书"、黄丕烈之"士礼居丛书"等,皆校勘极精。清代之坊刻本极多,其传者,如五柳居陶氏之《太玄经集注》、校经山房孙氏之"槐庐丛书",皆请通人为之校订。

七、近印本的优劣

1. 覆刻本

近代木刻书(清—现代),以覆刻宋元本为最佳,其法以薄透明纸覆原书印抄,然后以抄本覆于木版上雕刻,其优点为可以保存原刻之本来面貌。其原刻有错误者,另于书后附校勘记,加以说明。

2. 仿宋本

刻书时其摹仿宋本字体者,称仿宋本,或有根据之底本为宋本(或校宋本)者,亦称仿宋本,其价值与影宋本相似。

3. 石印本

以石材制版所印之书，统称之为石印本。石印本中亦可分为二类：一为写印本，一为影印本。写印本因中间经过抄写手续，故易致错误。影印本系根据原本用照相方法影印，故其内容与所据之原本无异。惟石印影印书籍一般系据原书缩小，有以四页、六页、八页并为一页者，因之间亦有错误发生，甚至有将整页漏掉者，惟此类错误不多。其中以同文书局及蜚英馆之印本为较佳。

4. 影印本

影印本系以照相摄影后而用珂㼈版、金属版翻印而成，其印本有全照原本大小者，有照原本缩小者。如商务印书馆之"续右逸丛书"，即前一例，"四部丛刊"即后一例，惟在摄影后修改时，偶亦有错误发生，惟极少。

5. 铅印本

铅印本系指铅字排印本而言，铅印本之优劣，全由其校对之是否精审决定。

八、版本的名类

版本之名类极多，如以时代言之，有宋本、元本、明本、清本、……；以地区言之，则宋本有浙本、蜀本、建本，外国本如日本本、朝鲜本……；以刻版之主持之所言之，则有监本、经厂本、殿本、局本；以刻版之人言之，则有毛本、闵本……；此外又有精刻本、原刻本、翻刻本、大字本、小字本、朱墨套印本、批校本、评点本、巾箱本、袖珍本；等等。兹择其要者，分官刻、私刻、坊刻三类，约略言之：

1. 官刻本

凡属官府雕版印行之书，称官刻本。如宋之国子监、崇文院、秘书监、茶盐司、转运司、漕司、郡斋、郡庠、县斋、各州府县学……；元之国子监、兴文署、各路儒学、书院、医院……；明之南监、北监、经厂、各藩府……；清之内府、武英殿、各地官书局；等等。所刻之书，皆称官刻本。其中又可分为数类：

甲、监本：

各代刻于国子监之书，皆称为监本。其最早者为五代时冯道奏请刻"九经"。其后历经宋、元、明三朝递次修补（至明代，五代之旧版已无存，宋代亦少，大都为元、明二代补刻者），称"三朝本"，亦即监本。明代有南、北二国子监，因之刻本亦有南监本、北监本之分。

乙、经厂本：

经厂为明代司礼监之附属机构，专司内廷刻印书籍工作。刻印之书大都为陈腐之理学书及当时科举应用之文，著名者有"五经"、"四书"、《性理大全》等书。这些书由于出于太监之手，校勘不够精详，其价值不高。惟刻印极讲究，大都为大字大本，极精美。

丙、殿本：

清乾隆四年，于武英殿设刻书处，派王、大臣总裁其事，先后刻印"十三经"、"二十一史"、"三通"、《大清一统志》等大部书甚多，其写刻、校勘、纸张、印刷等均极精良。

丁、内府本：

清代凡经皇帝订定或命人编纂之书（如《渊鉴类函》、《佩文韵府》之类），皆由内廷刊行，称内府本。内府本用楷书（亦称活体字或软体字）写刻为多，其印刷校勘，均极精良。

戊、局本：

清咸丰、同治年间，于江宁创立金陵官书局，又于江西、浙江、福建、广东、广西、湖南、湖北等地设立各官书局，于是局刻之书盛行。各局所刻之书大都为供一般学者之需要，故多为普通流行之本。其中以金陵、浙江二局所刻者为佳。

2. 私刻本

甲、家刻本：

凡私人于家中自己出资刊印之书，称家刻本。其著名者在宋如岳珂之"九经"、"三传"，廖莹中之《韩昌黎集》、《柳河东集》等，皆刻印极精。后来亦每代有之，多不胜举。

乙、闵刻本：

明万历时吴兴闵齐伋家首创朱墨套印，有多至五、六色者。凌濛初亦汇辑诸名家诗文评语，加以批点，因闵氏雕刻印行，故称为闵刻本。其内容经、史、子、集各类皆有，大都注重于批评圈点；所刻词曲甚多，皆附刻极精美之插图，为明刻中之较突出者。

丙、毛刻本：

毛刻本系指毛晋之汲古阁本。毛氏刻书始于明万历末年，直至清顺治初年，历时四十余年，刻书六百多种，为私人刻书之最多者。大部书如"十三经"、"十七史"等，皆有刻本。其他唐、宋、元人之诗文集，以至道藏、词曲、无不搜刻以传。又刻有丛书一部，名之曰"津逮秘书"，分十五集，收书一百三十七种，因毛氏为大收藏家，故其中善本极多。

3. 坊刻本

甲、坊刻本：

坊刻本系指一般书坊所刻之书，如宋时之"书林"、"书堂"、"书棚"、"书铺"，等等，其所刊印之书，统称为坊刻本。坊刻本大都出于书贾之手、又以牟利为目的，故校勘及刻印均不够精审，其质量较差。

乙、书棚本：

书棚本系指南宋陈起所刻之书而言。陈起本人为一诗人，刻有《江湖小集》，其刻本之佳者，可与家刻本之精者媲美。其刻本上有"临安府棚、北大街睦亲坊南陈宅刊印"字样。当时另有"尹家书籍铺"，其刊印之书亦称书棚本，惟所刻多为小品，单本者居多，尤喜刻唐、宋人之小集。

4. 宋本名称

以地区言，宋本约可分为下列数种：

甲、蜀本：

蜀地刻书，于五代时已开始，至宋时更为发达。因其字体较大，故又称蜀大字本。如宋绍兴时于眉山所刻之宋、齐、梁、陈、魏、北齐、周七史，即为历世最久之蜀大字本（商务《百衲本二十四史》即用此本影印），又称"眉山七史"。

乙、闽本：

因闽地产纸，刻书业甚发达，大都为坊刻。闽本中又有建本与麻沙本之分，建系指福建之建宁府与建阳县，麻沙系指建阳县之麻沙镇。南宋时，该两地所刻之书，统称为建本，或称闽本。麻沙本为宋版书中最差者。

丙、浙本：

杭州为南宋之国都，文化最盛，为宋时雕版印书之中心地区，经国子监校勘之书，多数在此雕印，其刻工、印刷均极精，为宋版书中之最佳者。浙本下又因其刻印地点不同而可分为严州本、婺州本、衢州本、越州本等等。

附：活字本

活字本之发明时代甚早，宋岳珂《九经三传沿革例》载有"晋天福铜版本"，叶德辉认为"此铜版殆即铜活字版之名称"（《书林清话》卷八）。惟岳珂所称之晋天福铜版本是否如叶氏所说之铜活字版，尚难确定。其较为可信者，为宋庆历中毕昇所发明之胶泥活字板："板印书籍，唐人尚未盛为之。自冯瀛王始印五经，已后典籍，皆为板本。庆历中，有布衣毕昇，又为活板。其法用胶泥刻字，薄如钱唇，每字为一印，火烧令坚。……每一字皆有数印，如之、也等字。每字有二十余印，以备一板内有重复者。……昇死，其印为予群众所得，至今宝藏。"（沈括《梦溪笔谈》卷十八）。沈括为北宋时人（一○三一——一○九五），所记当属可信。至元代皇庆癸丑（一三一三），王桢以木活字印所著之《农书》。《通诀》后载有："桢前任宣州旌德县尹时，方撰农书，因字数太多，难于刊印。故尚已意，命匠创活字，二年而毕工，试用一如刊版。"可见其农书为木活字版所印。明以来，活字板盛行。弘治间，无锡华坚、华镜之"兰雪堂"，华燧、华煜之"会通馆"，以活字板印书最多，为世所珍秘。清乾隆时，高宗（乾隆）以活字板之名不雅驯，乃名之为聚珍板，印有武英殿聚珍版丛书。当时民间亦有木活字，如张金吾之《续通鉴长编》，胡珽之琳琅秘室丛书，一般又作为印家谱之用。

九、版本的美术

如以宋、元本而言，其底本皆为著名之书家所写，书中序跋往往即以撰文者之墨迹摹刻。宋版中之巾箱本，虽体积甚小，然刻工极为精细。元代刻本其字体之笔画有细如发丝者，密行，然极清晰，能保持其精神。纂图互注本《五经》之前，其插图极精美，似非一般刻工所能者。如宋代《列女传》之插图相传为晋代大画家顾恺之所绘，元代则有《绘像搜神前后集》，其插图皆为最精细者。至明代犹极精，所刻传奇皆附有极精细之插图。至清代则有以各种不同字体抄写付刻者，林佶以楷书写刻《渔洋精华录》，江声以篆书写刻自著之《尚书集注音疏》，金农以古隶书写刻《冬心诗集》，郑燮以行书写刻《板桥诗钞》。其他如画谱、笺谱等精本亦极多。关于版画方面，郑振铎之《中国版画集》搜罗极广。

十、版本的鉴别方法

1. 鉴别古代版本

甲、时代：

第三章 版 本

鉴别版本之时代，首先应注意其刻书之牌记。宋人刻书，于书之首尾或序后、目录后，往往刻一牌记，以其形式有如碑者，故又谓之碑牌，其他亦有钟形、炉形、爵形、鬲形者形状不一，元、明以后，书坊刻书多效之。其碑牌之字，详略不一，有多至九十余字者，如宋刻《春秋经传集解》卷末有书牌文八行云："谨依监本写作大字，附以释文，三复校正刊行。如履通衢，了亡室碍处，诚可嘉矣。兼列图表如卷首，迹夫唐、虞、三代之本末源流，虽千载之久，豁然如一日矣。其明经之指南欤！以是衍传，愿垂清鉴。淳熙柔兆涒滩中夏初吉，闽山阮仲猷种德堂刊。"其略者如宋刻《二十先生回澜文鉴》目录后有长方记云："建安江仲达刊于群玉堂。"大抵此类木记牌识，见于坊肆刻本为多，其属于官刻者，有宋刊本《胡致堂先生读史管见》八十卷，目录后刻有长木记四行云："时淳熙壬寅中夏既望，刊修于州治之中和堂。奉议郎签书平海军节度判官厅公事兼南外宗正簿赐绯鱼袋胡大正谨识。"从其所刻之牌记中，我们可以确定其刊刻之时代。如无牌记者，可观该书前后之序、跋，以确定其时代。惟不能以此作为唯一之依据，因后代有据原本翻刻者，亦有书贾伪造者，必须参考各家藏书目及结合其他方面之鉴定才能确定。

乙、行款：

各时代刻本之行款，亦各有其特点。宋版书，行少者每半叶四行，行八字（如宝祐五年陈兰森所刻《干禄字书》）；行多者每半叶二十行，行二十七、八字至三十字不等（如南宋刻《九经白文》）。有对宋、元刻本之行格作专题研究者，如江标之《宋元本行格表》。

此外，从其边栏之单边或双边，从其象鼻之白口、黑口或花口，以及从鱼尾、写书人或刻工之姓名等加以鉴定。

丙、地方：

如蜀本、建本、浙本(杭本、严本、衢本……)等亦可从其刻工之风格决定。

丁、避讳：

古代刻书，遇当代帝王之各字时，必须避讳故意缺写该字之最末一笔，或以其他同音、同义字代替。避讳之风，始于秦汉时，于隋代已有。如虞世南之《北堂书钞》，书成于隋代，故书内"忠"字作"诚"，"中"字作"内"等，皆避隋讳。宋岳珂《九经三传沿革例》云："唐太宗讳世民，或单'民'则缺斜钩而作'㠯'，若从偏旁，则缺上划而作'氏'，今传唐写本亦避讳。"至宋代，避讳之风最严，尤以官刻本家刻本为最。如宋太祖名匡胤，除避匡胤二字外，其他同音之字如眶、恇、筐、洭、勖、酟、靬、引等字，亦缺末笔，名之曰"嫌讳"。甚至连其祖宗之名字亦须避讳，如其始祖名玄朗、高祖名珽、祖父名敬，父名弘殷，皆须避及嫌讳。惟亦有例外者，如建本、麻沙本其所避之讳，则远较其他刻本为少。明代初叶，对于避讳之禁，并不苛严，至天启、崇祯以后，其法渐严。顾亭林《日知录》云："崇祯三年，礼部奉旨颁行天下，避太祖、成祖庙讳，及孝、武、世、穆、神、光、熹七宗庙讳。正依唐人之式。惟今上御名亦须回避。盖唐宋亦皆如此。然止避下一字。而上一字天子与亲王所同则不讳。"迨至清代其风又炽，亦须避及"嫌名"。因之从刻本所避之讳字观察，亦可确定其刊刻年代。(覆刻本不在此例)

戊、字体：

宋代刻书字体，多仿欧阳询、柳公权、颜真卿三家。如北宋蜀刻经史及官刻监本诸书，其字皆颜、柳体；如松雪旧藏《汉书》，字体在欧、柳之间；皕宋楼所藏《宋礼部官书六韬》，有欧、颜笔意。可见宋人竞习颜、柳、欧体，元代吴兴赵孟頫书法盛行，刻书者又多仿赵体。徐康《前尘梦影录》云："元代不但士大夫竞学赵书，其时为官本刻经史，私家刻诗文集，亦皆摹吴兴体。"明代初期刻书尚活体，犹有宋元遗风，至后期则多用方体。因之从刻本之字体，亦可推知其时代之大概。

己、纸墨：

宋人印书用纸之著名者有鸡林纸，其纸极坚厚，背面光泽如一；有鄂州蒲圻县纸，其紧慢厚薄皆得中，有抚州草钞纸，又有纸质薄如蝉翼者；亦有用椒纸者，以其可以辟蠹也，明代印书所用之纸，一种为桑皮纸，绝薄，细洁白净；一种为普通竹纸。古代用墨亦极讲究，前人所谓"墨气香淡"，"用墨稀薄，虽着水湿燥无湮迹"等，皆可说明其墨之佳也。

庚、印记：

古代刻本流传至今，其著名者皆历经各名家所收藏，或写有题误、或盖有收藏印记，又如毛氏汲古阁收藏之宋元本，即盖有椭圆形之"宋本"（元本）二字印记。

2. 实用书之鉴别

甲、精刻：

精刻本大都为家刻，一般所选之底本较佳，刻印均极讲究，错误较少。

乙、足本：

进行研究必须多掌握材料，才能进行全面分析，因此必须选择足本。

丙、注解：

注解本大都经过前人下过功夫，对初学者研究者皆有帮助。

丁、校记：

凡有校记者，皆经过专人整理，大都为善本，对读者最有用。

戊、句读：

句读亦可帮助读者了解文意，但必须正确者。

己、评点本：

评点本，对文句加以圈点批评，其出自名家者，多是资读者以启发。但其优劣由担任这一工作者之学力深浅而决定。

第四章 校勘(校雠)

一、校勘的起源

校勘两字,字异而义同,"校"之本字,盖当作"挍",古音"崔","校"同部,故假"挍"为"校"。《说文》:"挍,敲击也。"敲击即含有仔细推敲之意。"勘"字之含义,《说文》云:"校也。"《玉篇》云:"覆定也。"是"勘"字为两本重校之义。至于校雠之"雠"字,据《韵会》云:"雠,犹校也。谓两本相覆校,如仇雠也。"其意义与校勘相似。校勘属于校正文字,而校雠之范围较广,惟前人于应用时并无严格之区别。

校雠二字成为专名,当始于西汉刘向父子,《风俗通》云:"雠校,一人读书,校其上下,得谬误,为校。一人持本,一人读书,若冤家相对,为雠。"

校雠一词之成立,虽达至西汉,然实际从事于校雠工作者,当始于正考父。郑玄《商颂谱》云:"大夫正考父者,校商之名颂十二篇于周太师,以那为首,归以祀其先王。"孔颖达疏云:"然则言校者,宋之礼乐,虽则亡散,犹有此诗之本,考父恐其舛谬,故就太师校之也。此颂皆为祀先王而作;故知校之既正,归以祀其先王也。"由此可知正考父以商之名颂十二篇就校于周太师,是为整齐脱误,是正文字,故可推为校雠事业之肇始。

其后孔子之辑书、删诗、定礼、正乐、述易等皆属于校雠之范围。《春秋公羊传》:"伯于阳者何?公子阳生也。子曰:我乃知之矣。"何休解诂曰:"子,谓孔子;案史记,知公误为伯,子误为于,阳者,生刊灭阙。"此为孔子校书之例。

传孔子校雠之学者为子夏,《吕氏春秋·慎行览》云:"子夏之晋,过卫,有读《史记》者,曰:'晋师三豕涉河。'子夏曰:'非也,是己亥也。夫己之与三相近,豕与亥相似。'至晋问之,则曰:'晋师己亥涉河也。'"(毕沅曰:己古文作㠱,亥古文作㒸)

二、校勘学的重要

1. 古书致误之由

古代典籍,既经金石简牍缣纸之变迁,复因数千年之传抄翻刻,其讹误漏阙,势所难免。或几经后人之删改、节钞,以及由于今古文字不同而误者。如刘向《别录》云:"古文或误以见为典,以陶为阴。"《抱朴子》云:"书三写,以鲁为鱼,以帝为虎。"可见古书因流传日久,往往失其本来面目,故校雠之学,实为学者应有的基本学术。其致误之原因甚多,略举数种于下:

甲、误字:

(一)有因古字而误者:

书大诰:"宁王遗我大宝龟。"此"宁"字为"文"之误。文,古文作㝢、㝢、㝢、㝢,皆与小篆"宁"字作㝢者相似,故误"文王"为

"宁王"。

（二）有因隶书而误者：

《淮南子·时则训》："其桋曲笞筐。"隶书"桋"字或作桋，因之各本遂误为"扑"字。

（三）有因草书而误者：

《淮南子·齐训》："柱不可以摘齿，筳不可以持屋。"因"筳"之草书逵，"筐"之草书逵相似，各本遂误为"筐"字。

（四）有因俗字而误者：

《淮南子·原道训》："欲宊之心亡于中，则饥虎可尾。"按"宊"本俗"肉"字，道藏本误作"寅"，各本又误改为"害"字。

（五）有因假借而误者：

《淮南子·览冥训》："蚖蝉著泥百仞之中。""蚖蝉"与"鼋鼍"同，各本"蚖蝉"误为"蛇鳣"。

（六）有因难识而误者：

《墨子·经上》："悆，明也。"按"悆"即"智"字，旧本因不识"智"字而妄改、皆误作"悆"字。

（七）有两字误为一字者：

《淮南子·说林训》："狂者伤人，莫之怨也；婴儿詈老，莫之疾也，贼心岀。"按"岀"当作"亡也"二字，"也"误为"山"，又与"亡"合而为"岀"。

（八）有一字误为两字者：

《礼记·祭义》："见闲以侠甒。"郑注云："见闲当为覸。"

乙、脱字：

《淮南子·原道训》："此俗世庸民之所公见也，而贤者弗能避，有所屏蔽也。"高诱注:"以渝利欲,故曰有所屏蔽也。"各本正文脱"有所屏蔽"四字,则注文不通。

丙、衍文:

《吕氏春秋·侈乐》:"遂而不返,制乎嗜欲,制乎嗜欲无穷,则必失其天矣。"按下"制乎"二字,涉上"制乎"二字而衍。

丁、叠字:

《逸周书·大开武》:"天降瘄于程,程降因于商,商今生葛,葛右有周。维王其明用开和之言,言孰敢不格。"其中之"程""葛""言"等字,皆不当叠。

戊、重文:

《诗·硕鼠》:"逝将去女,适彼乐土;乐土乐土,爰得我所。"韩诗外传引此文作"逝将去女,适彼乐土;适彼乐土,爰得我所。"盖古人遇重文,止于字下加二画以识之,作"适二彼二乐二土二",传写者误作"乐土乐土"。

此外尚有因阙字、偏旁、错简、颠倒、混淆、妄加、妄删、误改等而产生错误者。

2. 脱误之举例

《礼记》:郑玄注,孔颖达正义。原本七十卷,后传本皆为六十三卷,惟内容与七十卷者无差异,仅分卷不同而已。清乾隆时发现宋黄唐本,以之与汲古阁本相校,计误字四千七百〇四,脱字一千一百四十五,阙文二千二百十七,异字二千六百二十五,羡(衍)文九百七十一,共计一万一千一百六十二字。

《说文》:汲古阁有初印本、初改本,清代有孙星衍刻本,藤花榭刻本。据许慎自序云:《说文》全书共九千三百五十三字,重文一千一百六十三字，解说十三万三千四百四十一字。以现存各本与之比较，计正文为九千四百二十字，多六十七字；汲古阁初改本为九千四百四十一字，多八十八字。重文一千二百八十字，多一百十七字。解说十二万二千六百九十九字，少一万〇七百四十二字。可见现存之说文，已非许慎之本来面目。

《宋史》：以百衲本《宋史·田况传》与殿本比较，殿本少一页，计四百字；《张栻传》殿本亦少一页，计四百〇五字。

《论衡》：以通津草堂本与元刻残本相较发现《累害篇》多四百字。

此种情况，如以各类不同版本校之，往往相差极多。

3. 不知校勘之谬

六朝时之徐遵明为一学者，然不注重校勘，如郑玄《论语》序之"书以八寸策"，徐所读之本为"书以八十宗"，遂从《论语》中提出八十条加以考证，结果当然错误。宋朱彧《萍州可谈》云："姚祐元符初为杭州学教授，堂试诸生，易题出'乾为金，坤亦为金，何也？'先是福建书籍，刊版舛错，坤为釜遗二点，故姚误读作金。诸生疑之，因上请，姚复为臆说。而诸生或以诚告，姚取官本视之，果釜也，大惭曰：'祐买著福建本。'升堂自罚一直。"又如明人刻赵明诚《金石录》，易其序中之"壮月"为"牡丹"等，皆为不知校勘之谬也。

三、汉刘向父子的校勘学

刘氏父子之前，如萧何次律令，韩信申军法，张苍为章程，叔孙通定礼仪,此类皆属于整理校勘图书,惟所整理之材料已不可见。武帝时亦曾定藏书之策,立书写之官,发动过一次整理工作。刘氏之后,亦有班固及傅毅整理石室兰台之藏书,马融曾校书东观,蔡邕定石经。惟除刘氏父子外,其他人之整理材料,现已无法可考。刘向《别录》及刘歆《七略》,原书虽佚,然辑存之材料甚多(孙冯翼"问经堂丛书"收有洪颐煊辑本)。与刘氏同时校书者除步兵校尉任宏、太史令尹咸、侍医李柱国等外,尚有长社尉杜参、谏议大夫班斿等,皆为当时知名学者。刘向校书于天禄阁,前后凡二十余年。向卒后,其子歆继其父业,乃集六艺群书,而成其《七略》。刘氏父子之能于校雠学上获得如此成就,固有其有利之条件也,约略言之,约有下列数端:1.中秘书之汇集;2.兼征私人藏书;3.天下人才辐辏;4.父子继业数十年。

刘氏父子之校雠方法,约述之如下:

1. 兼备众本

校书一事,必备有众本,始可抉择去取。刘氏所校各书,其所备之本,有中书、外书、太常书、太史书、臣某书,等等。如《列子叙录》云:"所校中书《列子》五篇,谨与长社尉臣参校雠《太常书》三篇,《太史书》四篇,臣向书六篇,臣参书二篇。"又如《莞子叙录》云:"所校中《莞子》书三百八十九篇,大中大夫卜圭书二十七篇,臣富、参书四十一篇,射声校尉立书十一篇,太史书九十六篇。"

2. 比勘文字

古书流传年代久远,辗转传写,形声交误,不加校正,势成废纸,故刘氏校雠之第二步工作,即为是正讹误。如《战国策叙录》云:"所校中战国策……本字多脱误为半字,以'赵'为'肖',以'齐'

为'立',如此者多。"又如《列子叙录》云:"中书多,外书少,章乱布在诸篇。中或字误,以'尽'为'进',以'贤'为'形',如此者众。"

3. 篇第审定

篇第之于书籍,如同网之有纲,篇第混淆,则网失其纲,不可复用。故篇第之审定,为刘氏校雠之第三步工作。如《晏子叙录》云:"凡中外书三十篇,为八百三十八章,除复重二十二篇,六百三十八章,定著八篇,二百十五章。"又如《子华子叙录》云:"凡二十四篇,以相校除复重十四篇,定著十篇。"

4. 定立书名

古书几经传钞,误字衍文,固属不免,甚之书名亦因之更改。如东汉之《白虎通义》,隋唐《经籍志》称之为"白虎通",而《崇文总目》又名之曰"白虎通德论",实是一书,而有三名。此类情况,于汉时亦有存在,故刘氏校雠之第四步工作,即为定立书名。如定立《战国策》之名云:"所校中《战国策》书,中书余卷,错乱相糅莒。又有国别者八篇,少不足。臣向因国别者略以时次之,分别不以序者以相辅,去重复,得三十三篇。……中书本号,或曰'国策',或曰'国事',或曰'短长',或曰'事语',或曰'长事',或曰'修书'。臣向以为战国时游士辅所用之国,为之筴谋,宜为'战国策'。"

5. 厘定部居

刘氏之所以奏《七略》者,为使学术有眉目,案图可以索骥。书有散亡,观其类例之所在,便可求之其邻。《七略》固已散佚,无从考核,然可从《汉书艺文志》见其概略。如《论语》一书,分为古、齐、鲁三家,鲁又分为夏侯、安昌侯、王骏,等等。诗赋分为屈原、孙卿、陆贾、杂赋、歌诗五种。同是一《论语》、一诗赋,而必欲以时代、以各家之不同详细分之,亦可见其厘定部居之精细周密。

6. 叙述源流

战国之世,游谈放荡之士,各极其辩,诸子之论,各成一家之言,自前世皆存而不绝。是校雠之时,若不剖析其源流,详究其得失,终不免有混淆之弊,使学者有不知所归之憾。故刘氏乃进一步而叙其源流。如《列子叙录》云:"列子者,郑人也,与郑缪公同时,盖有道者也。其学本于黄帝老子。号曰道家者,秉要执本,清虚无为。其治身接物,务崇不竞,合于六经。而《穆王》、《汤问》二篇,迂诞恢诡,非君子之言也。至于《力命》篇,一推分命;《扬子》之篇,唯贵放逸,二义乖背,不似一家之书,然各有所明,亦有可观者。孝景皇帝时,贵黄老术,此书颇行于世。及后遗落,散在民间,未有传者。且多寓言,与庄周相类,故太史公司马迁不为列传。"据此,则不独对学术源流有所说明,连作者生平,书之优劣,以及其流传之盛衰及影响,都了如指掌。故章学诚之《校雠通义》云:"校雠之义,盖自刘向父子。部次条别,将以辨章学术,考镜源流,非深明于道术精微,群言得失之故者,不足与此。后世部次甲乙,纪录经史者,代有其人,而求能推阐大义,条别学术异同,使人由委溯源,以想其坟籍之初者,千百之中,不十一焉。"

以上仅就其大者而言,孙德谦于《刘向校雠学纂微》中曾阐明刘氏所用之校雠方法,有二十三点:1.备众本;2.订脱误;3.删复重;4.条篇目;5.定书名;6.谨编次;7.析内外;8.待刊改;9.分部类;10.辨异同;11.通学术;12.叙源流;13.究得失;14.撮指意;15.撰序叙;16.述疑似;17.准经义;18.征史传;19.辟旧说;20.增佚文;21.考师承;22.纪图卷;23.存别义。

汉代学者除刘向外，私人精于校勘者亦甚多，如许慎有《五经异义》，郑玄之注《三礼》，笺《毛诗》，高诱之注《淮南子》、《吕氏春秋》、《战国策》等，皆具有校勘意义。

四、唐宋人的校勘学

唐初渊博之士有二家，一为颜师古，一为陆德明。

1. 颜师古

唐承隋末大乱之后，藏书乏人整理，故糅杂错乱，无足取正。唐太宗乃于贞观四年诏孔颖达、颜师古等撰五经义疏，名曰"五经正义"，令天下传习。据《新唐书》云："帝尝叹五经去圣远，传习浸讹，诏师古于秘书省考定，多所厘正。既成，悉诏诸儒议。于是各执所习，共非诘师古。师古辄引晋宋旧文，随方晓答，谊据该明，出其悟表，人人叹服。"（现《十三经注疏》中只用孔颖达名，而不用颜师古名，因师古所担任者为《五经正义》之校勘工作，而《疏》系孔颖达等所作，《疏》中所称"定本"，即为颜师古校定之本）。师古又为《汉书》作注，其《叙例》云："《汉书》旧文多有古字，解说之后，屡经迁易，后人习读，以意刊改。传写既多，弥更浅俗。今则曲核古本，归其真正。""诸表列位虽有科条，文字繁多，遂致舛杂。前后失次，上下乖方，昭穆参差，名实亏废。今则寻文究例，普更刊整。澄荡愆违，审定阡陌，就其区域，更为局界。非止寻读易晓，庶令转写无疑。"举此二条，即可见其用力之勤了。除《五经正义》及《汉书》注外，另有《匡谬正俗》八卷，前四卷凡五十五条，皆论诸经训诂音释，后四卷凡百二十条,皆论诸书字音,及俗语相承之异,考据极为精密。

2. 陆德明

陆氏为唐初人,与师古同时。传世者有《经典释文》三十卷,其内容包括:《序录》一卷,《周易》一卷,《古文尚书》二卷,《毛诗》三卷,《周礼》二卷,《仪礼》一卷,《礼记》四卷,《春秋左氏》六卷,《公羊》一卷,《穀梁》一卷,《孝经》一卷,《论语》一卷,《老子》一卷,《庄子》三卷。是书搜采汉魏六朝音切,凡二百三十余家,又兼载诸儒之训诂,以证各本之异同。后来得以考见古义者,注疏以外,惟赖是书之学。

此外,如郭京著有《周易举正》,殷敬顺有《列子释文》,以及李涪之《刊误》,苏鹗之《苏氏演义》等,大都为考究书传,订正讹讹之作。

宋代虽理学盛行,然校勘之学亦不废,且有很大提高。如方崧卿、彭叔夏等,皆取得一定成绩。

1. 方崧卿

其著作有《韩集举正》。其用以校正者有:碑本韩文十七种,唐令狐澄本,南唐保大本,秘阁本,祥符杭本,嘉祐蜀本,谢克家本,李炳本,参以唐赵德《文录》,宋白《文苑英华》,姚铉《唐文粹》诸书。其书之体例,凡改正之字则用朱书;衍去之字,以圆圈围之;增入之字,以方圈围之;颠倒之字,以墨线曲折乙之。

2. 彭叔夏

著有《文苑英华辨证》十卷。其辨证体例有三:(1)承讹当改,(2)别有依据,不可妄改,(3)义可两存者不必遽改。其考核颇为精密。

其他如朱熹之《孝经刊误》、《周易参同契考异》、《阴符经考异》、《韩文考异》，张淳之《仪礼识误》，毛居正之《六经正误》，岳珂之《九经三传沿革例》，钱佃之《荀子考异》，洪兴祖之《楚辞考异》等，皆为校雠成绩甚著者。

五、清人的校勘

校勘之学，迄清代而臻于极盛，学者之从事校勘，一时蔚为风气。如惠栋、戴震、段玉裁、王念孙等，皆有极大成就。

清代学者之所以终身埋头于章句训诂等古籍堆中者，实与当时之环境有关。自满清入主中原，汉人曾竞起反抗，当时统治者为巩固其统治，乃对汉人频加压力，屡兴文字之狱，藉以立威。每一狱起，牵连动数百人，其残酷恶毒，实无以复加。故一般学者不得已乃钻研于章句训诂之中以远祸。而当时统治者亦藉此消除汉人排满之心，故加以大力提倡。如乾隆时设馆开雕《十三经注疏》，《二十四史》等大部著作，并校理《四库全书》，撰《四库全书考证》等，虽然其成绩较之私人之校勘为差，然其提倡之力亦不可否认。其使人于学术方面取得成就者极多，兹约举数人于下：

1. 顾炎武

顾氏之学，不名一家，凡国家典制、郡邑掌故、天文仪象、河漕兵农、金石音韵之属，无不穷究原委，而尤笃志于经。故其研究范围虽广，然总以经学为中坚。顾氏之功在提倡，其成绩未及后人之大。著有《九经误字》、《五经异同》等。

2. 惠栋

惠栋为"吴派"始祖，其精神在谨守家法，笃信汉儒。所谓"汉人通经有家法，故有五经师、训诂之学，皆师所口授。其后乃著竹帛，所以汉经师之说，立于学官，与经并行。……古字古言，非经师不能辨，……是故古训不可改也，经师不可废也"（《九经古义述首》）。由此可见其主张之一斑了。惠氏一生之著作颇多，其著名者为《九经古义》。

3. 戴震

戴氏为"皖派"首领，其精神不墨守汉儒之说，对于古书亦多怀疑，无论何人之言，决不肯贸然置信，所谓"汉儒训诂有师承，有时亦傅会；晋人傅会凿空益多；宋人则恃胸臆以为断，故其袭取者多谬，而不谬者，反在其所弃。……宋以来儒者，以己之见，硬坐为古圣贤立言之意，而言语文字实未之知；其于天下之事也，以己所谓强断行之，而事情源委隐曲，实未能得，是以大道失而行事乖"。由此可见其与专以墨守汉人之"吴派"不同。戴氏之著作，以其所校之《水经注》用力最勤，为其毕生精力之结晶。各案水名，逐条参校。非惟字句之讹，层出迭见，其中脱简错简，有自数十字至四百余字者。更博考唐以前之撰著，若《通典》、《初学记》诸书所引，钩稽校勘、参互考证，凡补其阙漏者二千一百二十八字，删其妄增者一千四百四十八字，正其臆改者三千七百十五字。故有人称之为近来校雠绝无之本。戴氏之校勘标准有二，一曰识字，二曰博征。

4. 段玉裁

段为戴之学生，尤致力于音声训诂。所谓"治经莫贵乎得义，得义莫切于得音"。又谓:"不熟于古形古音古义,则其说之存者,无由甄综,其说之亡者,无由比例推测。"其态度则更为谨密。段氏并认为校书非照本改字,而要断以己意,所谓"校书之难,非照本改字,不讹不漏之难也,定是非之难。是非之难有二:曰底本之是非,曰立说之是非。必先定底本之是非,而后可断其立说之是非,二者不分,缪辕如治丝而棼,如算之淆,其法实而眢乱,乃至不可理。何谓底本?著书者之稿本是也。何谓立说?著书者所言之义理是也。"段氏之著作中,以《说文解字注》为其一生之杰作。

5. 王念孙、王引之

念孙之学,亦出于戴震,故于小学之书极精,其于校勘之法,亦以声音训诂为本,而详于本字借字之分:"窃以训诂之旨,本于声音,故有声同字异,声近义同,虽或类聚群分,实亦同条共贯:譬如振裘必提其领,举网必挈其纲,故曰本立而道生,知天下之至赜而不乱也。此之不寤,则有字别为音,音别为义,或望文虚造而违古义,或墨守成训而抄会通,易简之理既失,而大道多歧矣。"又云:"字之声同声近者,经传往往假借。学者以声求义,破其假借之字而读本字,则涣然冰释。如其假借之字而强为之解,则诘籀为病矣。"王氏著作之最著者为《广雅疏证》及《读书杂志》。

引之为念孙之子,其学问大都得自家传,故其治经亦以训诂为首,至其校勘方法,亦以小学为根据:"吾治经于大道不敢承,独好小学。夫三代之语言与今之语言,如燕越之相语也。吾治小学,吾为之古人焉。其大归用小学说经,用小学校经而已矣。"而尤能利用互相钩稽之方法,以古义古例,证解古书,不拘于传注及板本范围之中,故其论证皆极精核。其著作有《经传释词》及《经义述闻》两种。

6. 卢文弨

卢氏之精神与戴震相同，亦以训诂为主，至其校勘方法，大抵以旧刻为据，参以近时之本，而互相钩稽参验。其校著之书颇多，大都汇刻于《抱经堂丛书》中，皆据善本精校，校正讹误极多。又苦镂板难多，乃合经史子集三十八种，仿《经典释文》例，摘字而注之，名曰《群书拾补》共三十九卷，皆收有关校勘之材料。

7. 阮元

阮氏之校勘方法，亦以声音训诂为本。其校勘之最大工作为《十三经校勘记》，其用以校勘之书籍有一百六、七十种之多。

8. 顾广圻

顾氏通经学小学，尤精于校勘，每一书竟，必综其所正定者为考异或校勘记于后，皆极精确。清代之校勘，以卢、顾二人之成绩为最佳。

9. 黄丕烈

喜藏书，为清代第一流大藏书家，刻有《士礼居丛书》。其校勘注重于保存原书之真面目，后人称之为"死校"。

10. 章学诚

章氏主张校勘应整理全书，分别学术源流，为提纲挈领之校雠。有《校雠通义》三卷。

六、校勘必广备众本

校勘时所用之本，愈多愈好，此在刘向父子即已注意及之。如刘向《国策别录》云："又有国别者八篇，少不足从，向因国别者略以时次之，分别不以序者以相辅。"又《孙卿别录》云："中孙卿书，凡三百二十二篇，以相校，除复重二百九十余篇。"后世遂皆以刘向之法校书。

东汉末郑玄笺注《诗》、《礼》，即包含校勘之意义在内。汉时有今古文之别，毛诗中之郑笺有与毛亨不同者，即为郑氏采用今文之故。

宋岳珂刻《九经三传》，其用以校勘之书，据其《沿革例》称，有监本、唐石刻本、晋天福铜版本、京师大字旧本、绍兴初监本、监中现行本、蜀大字旧本、蜀学重刻大字本、中字本、中字有句读附音本、潭州旧本、抚州旧本、建大字本、俞绍经家本，又中字凡四本、婺州旧本，并兴国于氏、建余仁仲凡二十本，又越中注疏旧本、建有音释注疏本、蜀注疏本，合二十三本之多。经名士反复参订，始命良工入梓。

清阮元刻《十三经注疏》，其校勘记中单《礼记》一书，用以校勘者即有石经、南宋石经、岳本、附释音本、闽本、监本、毛本、卫氏集说、惠栋校宋本、卢文弨校本、孙志祖校本、段玉裁校本、《考文》宋版、浦镗校本、通志堂本、叶本、抚州公使库本等十七种之多。

又如卢文弨之《抱经堂丛书》，其校勘亦极精。如其所校《荀子》、《逸周书》、《春秋繁露》、《颜氏家训》、《经典释文》等，皆为善本可读。其于校勘上之成就，于此可见一斑。

近人马叙伦之《老子校诂》，引用书目有一百六十九种之多。其本文不同者六种：(1)经训堂本，(2)北京图书馆唐写卷子残本，(3)罗振玉唐写本，(4)北京图书馆唐写本，(5)傅增湘校六朝残卷本,(6)元大德磻溪经幢本。老子最早注者为河上公,其所据之注本有七种,其中有敦煌抄本及石刻等。

七、校勘的取材

1. **最古者为甲骨文**:现已从甲骨文中发现殷代帝王之名十七人,其中之一曰"大乙",而《史记·殷本纪》中无"大乙",而只有"天乙"之名。以字形言,"天"、"大"两字相近,而以其他帝王之名如大丁、大甲、大庚、大戊等推之,当知史记之"天乙"实为"大乙"之误。

2. **金石**:"金"系指钟鼎彝器而言。如金文"举"作🅰🅱🆎等形,为殷代酒器之名。《尚书·顾命》:"上宗奉同瑁。""同"即为"举"字之讹。

"石"系指刻石而言。石经可以考正经文,而碑志等可以考正历史,唐李邕之《麓山寺碑》,如以拓本与《全唐文》所录者相校,则《全唐文》所录者脱漏甚多。

3. **简牍**:《汉书·地理志》"敦煌"下注曰:"莽曰敦德。"惟其他王莽所改之地名下皆有"亭"字,后于发现之竹简上证明"敦德"下有"亭"字,与其他合。又如"西域长史"之官名,汉以后一直不见于记载。《三国志·仓慈传》有"长吏"官名,惟当时并无此官,后得晋竹简,乃知"长吏"为"长史"之讹。

4. **据他书引用文校**:如《墨子·所染篇》:"子墨子言见染丝者而叹曰。"其"言"字疑衍。《后汉书·冯衍传注》、《党锢传注》,《群书治要》,《太平御览》等引之,皆无"言"字。《党锢传》"而"上有

"泣"字,《淮南子》作"墨子见练丝而泣之",《论衡》曰"墨子哭于练丝",由此可知,"叹"字或应作"泣"字。

八、必通文字音韵训诂

欲确定某一字之正确与否,必通文字、音韵、训诂。古今之音义时有变迁,明人因不通此学,辄以己意妄改古书,遂使古籍失却其本来面目。校勘至清代而极盛,其间如戴震、段玉裁、王念孙等人皆取得相当成就。举例见前。

第五章 纂 述

一、纂述的起源

纂述是什么？是搜集古有的文献资料而整理分析它的内容性质，编写成为一部有系统的书籍。据《类篇》纂字的释义是集也。《汉书·艺文志》云：

> 元始中，征天下通小学者以百数、各令记事于未央庭中，扬雄取其有用者以作训纂篇，顺续苍颉。

这说明扬雄的训纂篇是搜集了通小学者百数人所记下的资料，加以选择而写成的。著书名纂，当始于此。

《说文·辵部》：述，循也；《广韵》：述，著述也。这两种解释，并没有不同，盖著述的资料，是循用著古来所有的，凡终人之事，纂人之言皆是。例如《论语·述而篇》："子曰：述而不作，信而好古，窃比于我老彭。"《礼记·中庸篇》："父作之，子述之。"都可以作说明。

后来把纂述两字联称作为一个名词，它和著述、撰述没有大区别，不过纂述则偏重于资料的搜集和整理而已。

纂述最早的当推孔子。《史记·孔子世家》云：

> 追迹三代之礼，序书传，上记唐虞之际，下至秦缪（穆），编

第五章 纂 述

次其事。曰夏礼吾能言之,杞不足征也;殷礼吾能言之,宋不足征也。足则吾能胜之矣。观夏殷所损益,曰:后虽百世可也。以一文一质、周监二代,郁郁乎文哉,吾从周。故书传礼记自孔氏。孔子之语鲁太史,乐其可知也,始作翕如,纵之纯如、皦如、绎如也,以成。吾自卫返鲁,然后乐正,雅颂各得其所。古者,《诗》三千余篇,及至孔子,去其重,取可施于礼义,上采契、后稷;中述殷周之盛,至幽厉之缺,始于衽席,故曰:《关雎》之乱以为风始,《鹿鸣》为小雅始,《文王》为大雅始,《清庙》为颂始。三百五篇,孔子皆弦歌之,以求合韶、武、雅、颂之音,礼乐自此可得而述,以备王道,成六艺。孔子晚而喜易、序彖、系、象、说卦、文言。读《易》韦编三绝,曰:假我数年,我于《易》则彬彬矣。

以上自追迹三代之礼云云,是说纂述书的内容。从唐尧虞舜直至秦缪公,孔子所见的资料,本来有三千二百四十篇。而孔子时存了三百篇。曰夏礼吾能言之云云,是说纂述礼的内容。他根据周朝的礼,而知殷的礼,因无征而没有留下。自孔子说鲁太史云云,是说纂述乐的内容。配合了诗的雅颂,使各得其所。自古者诗三千余篇云云,是说纂述的内容。从三千余篇中删存了三百五篇,并定了四始的次序和音乐的酌合。自孔子晚而好《易》云云,是说纂述《易》的内容。序次了《彖》、《系辞》、《象》、《说卦》、《文言》。

《孔子世家》在后面又单提到了《春秋》,云:

乃因史记作《春秋》,上至隐公,下讫哀公十四年……至于春秋,笔则笔,削则削,子夏之徒,不能赞一辞。

是说纂述《春秋》的内容。《春秋》本是鲁国的史记,和《晋乘》、

《楚梼杌》一样，孔子根据了这资料而加以笔削。所以与前面《书》、《礼》《乐》《诗》、《易》不同言而著于后面的理由，皮锡瑞说："是推重孔子作春秋之功，比删订诸经为尤大。"这是对的。

《论语·述而篇》：子曰"述而不作，信而好古"二诗，可见孔子纂述的意义。他是循用著古来所有的材料而不自己创作，由于他笃信古来所有的资料，所以就把它纂述成书。《汉书·儒林传》把这两语结合了孔子删定六经，解说得最好。

> 周道既衰，坏于幽厉，礼乐征伐，自诸侯出，陵夷二百余年而孔子兴，以圣德遭季世，知言之不用而道不行，于是序《书》则断《尧典》，称乐则法韶舞，论《诗》则首《周南》，缀周之《礼》，因鲁《春秋》举十二公行事，绳之以文武之道，成一王法，至获麟而止。盖晚而好《易》，读之韦编三绝而为之传，皆因近圣之事，以立先王之教，故曰：述而不作，信而好古。（《汉书·儒林传》）

现存孔子删定的六经，虽《乐》已亡失，《礼》已不全，而《易》、《书》、《诗》、《春秋》尚完，可以见孔子纂述的成绩。

二、周秦汉纂述举例

自孔子删定六经为纂述之始，后来继之，多不胜举，今从周至汉据其现存的，略举数种为例。

一、《论语》十卷，是孔子的弟子们所纂述的，《汉书艺文志》云：

> 论语者，孔子答应弟子、时人及弟子相与言而接闻于夫子

之语也。当时弟子各有所记,夫子既卒,门人相与辑而论纂,故谓之"论语"。师古注:辑与集同。

《论语》一书,是孔子卒后,弟子们把各人的平日所记下夫子的言行,汇集成书的。但不是把所有资料无原则地保存下来,而是经过讨论,然后写下的,所以名曰《论语》。

二、《吕氏春秋》二十六卷,是秦始皇丞相吕不韦招集宾客所纂述的。《史记·吕不韦列传》云:

> 当是时,魏有信陵君;楚有春申君;赵有平原君;齐有孟尝君,皆下士喜宾客以相倾。吕不韦以秦之强,羞不如,亦招致士,厚遇之,至食客三千人。是时诸侯多辩士,如荀卿之徒,著书布天下。吕不韦乃使其客人人著所闻,集论以为八览、六论、十二纪十余万言,以为备天地万物古今之事,号曰"吕氏春秋"。

《汉书·艺文志》亦云:

> 《吕氏春秋》二十六篇、班固原注,秦相吕不韦辑知略士作。

《吕氏春秋》是子部杂家类的一部名著,作者都是当时的辨士和知略士,所学不同,各述所闻,合成此书,于此可见战国时百家争鸣的盛况。后来西汉的淮南王刘安,也效吕不韦招集了宾客纂述一部《淮南子》,也是很有价值的。

三、《史记》一百三十卷。是司马迁所纂述的。不但是一部最好的历史,也是最好的文学作品。《史记》自序云:

> 抽石室金匮之书。如淳注:抽彻旧书故事而次述之。

又云:

> 余所谓述故事,整齐其世传,非所谓作也。

唐司马贞《史记索隐序》云：

  《史记》属稿，先据《左传》、《国语》、《系（世）本》、《战国策》、《楚汉春秋》及诸子百家之书，而后贯穿经传、驰骋古今，错综隐括，各使成一国一家之事。

司马迁自己说是述，是整齐而非作。司马贞又列举所取的资料。按司马贞所举外，史公所采主要资料见于书中的，尚有一、六籍；二、秦史记；三、谍记；四、诸子著书之现存者；五、功令官书；六、方士言。

四、《新序》十卷。

五、《说苑》二十卷。都是汉刘向纂述的。宋《崇文总目》云：

  《新序》十卷……所载皆战国秦汉事，以今考之，春秋时事尤多，汉事不过数条，大抵采百家传记，以类相从，故颇与《春秋》内外传、《战国策》、《太史公书》互相出入。

清《四库全书提要》云：

  《说苑》二十卷……古籍散失，多赖此书以存。如《汉志》河间献王八篇，《隋志》已不著录，而此书所载四条，尚足见其议论醇正，不愧儒宗。

以上二书，内容相似，大都载古人可以为后世法戒的言行。刘向校书天禄阁，所见秘书很多，既有丰富的资料供他采辑，也间接保存了不少有价值的古书，可惜除了河间献王四条以外，因不著引用书名，已不可考了。

六、《楚辞》十二卷。是东汉王逸纂述的。《隋书经籍志》云：

  后汉校书郎王逸集屈原已下，迄于刘向，逸又自为一篇，并叙而注之，今行于世。

按《汉书艺文志》著录屈原赋二十五篇、唐勒赋四篇、宋王赋十六篇,并没有楚辞之名。王逸作注时,因为他们是楚人,因而加入了贾谊等人体裁相同作品,总名之曰"楚辞"。遂为后来诗文总集之宗。

以上所举,《论语》今列为经,《吕氏春秋》、《新序》、《说苑》是子,《史记》是史,《楚辞》是集,四部咸备,可见纂述之盛。可惜《汉书艺文志》、《隋书经籍》所收者,今已亡失不少了。

三、唐代的五经正义

孔子删定的六经,遭秦始皇焚书之祸,除了《易》为卜筮之书外,都被毁灭了。至汉兴,搜求遗书,抱残守缺,而乐经不可复得,只存五经而已。

经本:汉时有今古文之异,六朝有南北学之分,至唐初撰定《五经正义》,经学始归统一。

《北史·儒林传序》云:

> 江左《周易》则王辅嗣(弼),《书》则孔安国,《左传》则杜元凯(预),河洛《左传》则服子慎(虔)。《尚书》、《周易》则郑康成(玄),《诗》则主于毛公,《礼》则同遵于郑氏。

按北人(河洛)笃守汉学,本近质朴;南人(江左)善谈名理,乃属玄虚。北齐颜之推自南入北,故其说经多以江南本为是,见《颜氏家训》。至其孙师古于唐贞观四年(公元六三〇年)奉敕考定五经,即本其祖家训之说。贞观十四年(公元六四〇年)孔颖达奉诏与诸儒撰定五经义疏凡一百七十卷,名曰"五经正义",即据师古定本,师古亦预修《周易正义》,今《正义》中多引定本,学者谓即师古本。(惟刘文淇谓:齐隋以前皆有定本,而非师古定本,列举十验以证之)故《易》则用王弼韩康伯注,《书》则用伪孔安国传,《诗》则用毛亨传、郑玄笺,《礼》则用戴圣四十九篇记、郑玄注,《春秋左传》则用杜预集解,全是南学。从此郑玄、荀爽、虞翻的《易》注,郑玄的《书》注,贾逵、服虔的《左传》注及《诗》的齐鲁韩三家都亡失了,论者责其"朱紫无别,真赝不分"。

孔颖达撰定的《五经正义》,所谓诸儒,有颜师古、司马才章等二十余人,而孔以国子祭酒总领其事,年辈在先,名位独重,故今本标题只有孔颖达名。《新唐书艺文志》云:

《五经正义》者:《周易十六卷》,国子祭酒孔颖达、颜师古、司马才章、王恭,太学助教赵乾叶、王谈、于志宁等奉诏撰。四门博士苏德融、赵弘智覆审。《尚书正义》二十卷,国子祭酒孔颖达,太学博士王德韶,四门助教李子云等奉诏撰。四门博士朱长才、苏德融,太学助教隋德素,四门助教王士雄、赵弘智覆审。《毛传正义》四十卷,孔颖达、王德韶、齐威等奉诏撰。赵乾叶、四门助教贾普曜、赵弘智等覆审。《礼记正义》七十卷,孔颖达,国子司业朱子奢,国子助教李善信、贾公彦、柳士宣、范义颐,魏王参军张权等奉诏撰。与周玄达、赵君赞、王士雄、赵弘智覆审。《春秋左传正义》三十六卷,孔颖达、杨士勋、朱长才奉诏撰。马嘉运、王德韶、苏德融与隋德素覆审。

正义取材: 多本六朝旧疏,如《易》则庄氏易疏(刘毓崧《周易旧疏考正》),《书》则蔡大宝、巢猗、费甝、顾彪、刘焯、刘炫六家(孔颖达原序),《诗》则刘焯毛诗义疏、刘炫毛诗述义(同上)、《礼》则皇侃、熊安生(同上)、《左传》则沈文何、刘炫。永徽中将旧疏姓氏削去,袭为己语,使读者不易分辨。

正义体例:《四库全书〈周易正义〉提要》云:疏家之体,主于诠解注文,不欲有所出入。故皇侃疏礼,或乖郑义,颖达至斥为狐不首丘,叶不归根,其墨守专门,固通例然也。皮锡瑞《经学历史》云:其著书之例,注不驳经,疏不驳注,不取异义,专宗一家,曲徇注文,未足为病。

正义名称:《唐书孔颖达本传》云:本名义赞,后诏改为正义。今或曰义疏,或曰疏,即一书异名。

自永徽四年颁孔颖达《正义》于天下,每年明经,依此考试。自唐至宋,明经取士,皆遵此本,而至今言经学者,亦莫能废焉。

四、《资治通鉴》与《三通》

编年体的历史,自春秋左传以后,除了汉荀悦的《汉纪》、晋袁宏的《后汉纪》以外,其他都已失传了。到了宋英宗赵曙治平三年(公元一〇六六)因命司马光编次历代君臣事迹,上起战国(周威烈王二十三年),下讫五代(周世宗显德六年)(公元前四〇三——公元九五九年)凡十六代,一千三百六十二年。至神宗赵顼元丰七年(公元一〇八四),经过十九年的努力,完成了二百九十四卷的一部伟大通史。

司马光,字君实,陕州夏县(今山西夏县)人,仁宗宝元初进士,官至尚书左仆射兼门下侍郎,率赠太师温国公,谥文正。宋史有传。他在治平二年奉敕编书,并给予他优越的条件。

一、资料的丰富。司马光元丰七年十一月进呈表云：于崇文馆设局，许借龙图、天章阁、三馆、秘阁书籍。赐以御府笔墨缯帛及御前钱以供果饵，以内臣为承受。高似孙《纬略》云，神宗并给予颖邸旧书二千四百卷作为参考。除授据正史外，并采稗官野史，百家谱录，正集别集，传状碑志三百二十二种。

二、人材的集中。英宗许光自辟官属，于是由刘攽起草古代至两汉，刘恕起草三国至隋，范祖禹起草唐及五代，他们都是通儒顾学之流。先各依时代年月撰成长编，然后由光加以删削，往往一件事实，用三四出处纂成。

治平四年（公元一〇六七年）十月初，英宗开经筵，光便把所编之书进讲，英宗面赐御制序，并改原名《通志》为《资治通鉴》。今御制序即弁卷首，其文有云：

至于荒坠颠危，可见前车之失。乱贼奸宄，厥有履霜文渐。诗云：商鉴不远，在夏后之世。故赐其书名曰资治通鉴，以志朕之志焉耳。

同时，光又略举事目，年经月纬，以备检寻，为《目录》三十卷（进呈表）。便是用年表形式，提挈全书纲领，使读者得到方便。又参考群书，评其同异，俾归一途，为《考异》三十卷（进呈表）。便是罗列不同的资料来说明他去取的理由，这是极谨严的考证方法。三书合计共为三百五十四卷。

自有资治通鉴一书，历代都有好评，如清《四库提要》云：

其书网罗宏富，体大思精，为前古所未有。而名物训诂，浩博奥衍，亦非浅学所能通。

《周中孚郑堂读书记》云：

此天地间必不可无之书,亦学者必不可不读之书也。

近古籍出版社加以标点重印,其出版说明,对此书的评价,尤能扼要:

> 通鉴一向为历史学者所推崇,有很多人摹仿它写成同样体裁的编年史,它在祖国的历史编纂学上,曾起过巨大的影响。固然由于时代局限,这部古典历史著作,已不能满足我们现在的要求。但司马光等人毕竟在收集史料考订事实,编排年月以及文字的剪裁、润色等方面,下过一番功夫,它仍然是祖国文化遗产里的重要典籍。

司马光的《通鉴》,是一部关于治乱兴亡的通史,那末《三通》就是记载历代典章制度演变的要籍了。所谓三通,指唐杜佑的《通典》、宋郑樵的《通志》、元马端临的《文献通考》。

唐杜佑字君卿,京兆万年(今陕西长安)人。官至司徒,封岐国公,唐书有传。他一生从事于财政经济工作,而又嗜学不倦。不但从实践中认识到经济生活的重要,而又保存了极丰富的资料,又为后来研究史学的开辟了一条新的途径。

先在开元初刘秩著《政典》三十五卷,杜佑认为条目未尽,尚须补益,于是博采群书,成此《通典》二百卷。它的内容,分为八门:一、食货。二、选举。三、职官。四、礼。五、乐。六、兵刑。七、州郡。八、边防。每门又各分子目。所载上溯黄虞,迄于唐之天宝,肃、代以后,间有沿革,亦附载注中。其书于唐德宗李适贞元十九年(公元八〇三)二月奏上。距草创有二十余年。《四库提要》云:

> 凡历代沿革,悉为记载,详而不烦,简而有要,元元本本,皆为有用之实学,非徒资托闻者可比。

推崇甚至。论者也多认为虽三通并称,而包括宏富,义例严整,远非通志,通考可及。

宋郑樵字渔仲,兴化军莆(今福建莆田)人。《宋史》本传称他博学强记,好搜奇访古,对经学、礼乐、文字、天文、地理、虫鱼、草木、方书之学,都有研究。撰《通志》二百卷,宋高宗赵构绍兴十九年(公元一一四九)上之,诏藏秘府,授枢密编修官。

《通志》体仿通史,与《通典》、《通考》的专讲典章制度不同。其书为帝纪十八卷,皇后列传二卷,年谱四卷,略五十一卷,列传一百二十五卷。其精华惟在二十略:一、氏族略;二、六书略;三、七音略;四、天文略;五、地理略;六、都邑略;七、礼略;八、谥略;九、器服略;十、乐略;十一、职官略;十二、选举略;十三、刑法略;十四、食货略;十五、艺文略;十六、校雠略;十七、图谱略;十六、金石略;十九、灾祥略;二十、草木昆虫略。

对于其书的评价,《四库提要》云:

> 宋人以义理相高,于考证之学,罕能留意。樵恃其该洽,睥睨一世,谅无人起而难之,故高视阔步,不复详检,遂不能一一精密,致后人多所讥弹也。

并列举其误,颇致不满。而清章学诚《文史通义·释通》篇云:

> 郑氏通志,卓识名理,独见别裁。古人不能任其先声,后代不能出其规范,虽事实无殊旧录,而诸子之意,寓于史裁。

又誉之太过。要之,这浩博之资料,我们所当宝重的。

元马端临字贵兴,原籍饶州乐平(今江西乐平)。生于宋末,入元不仕。著《文献通考》三百四十八卷。其书起唐虞至南宋,补《通典》之缺,历二十余年而成。其书名曰文献通考者,据端临自序云:

引古经史谓之文;参以唐宋以来诸臣之奏疏,诸儒之议论谓之献,故名曰文献通考。

其内容凡分二十四门:

一、田赋考。二、钱币考。三、户口考。四、职役考。五、征榷考。六、市籴考。七、土贡考。八、国用考。九、选举考。十、学校考。十一、职官考。十二、郊社考。十三、宗庙考。十四、王礼考。十五、乐考。十六、岳考。十七、刑考。十八、经籍考。十九、帝系考。二十、封建考。二十一、象纬考。二十二、物异考。二十三、舆地考。二十四、四裔考。

其书俱效《通典》之成规,自天宝以前,增益其事迹之所未备,离析其门类之所未详;自天宝以后,至宋嘉定之末,则续而成之(用中孚《郑堂读书记》)。所载宋制最详,多宋史各志所未备。案语亦多能贯穿今古,祈衷至当(《四库提要》)虽上比《通典》则不是,而下比《通志》则有余矣。

清乾隆十二年(公元一七四七)敕撰《读文献通考》二百五十二卷,三十二年《续通典》一百四十四卷,《续通志》五百二十七卷。又撰《清通典》一百卷,《清通志》二百卷,《清文献通考》二百六十六卷。谓之"九通"。近吴兴刘锦藻又撰《续清文献通考》四百卷,合之称"十通"。如要考历代典章制度,这些书是取之无尽的渊海了。

五、宋代的四大书

宋自统一了天下,以前割据诸王,先后灭降,他们的遗臣,时有怨

望。太宗赵匡义为了笼络和安慰他们,特为设馆修书,非常优待原是一种政治手段。据宋王明清《挥麈后录》云:

> 诸降王死,旧臣或宣怨言。太宗尽收用之,置之馆阁,使修群书,如《册府元龟》、《文苑英华》、《太平广记》之类,广其卷帙,厚其廪禄,以役其心,多卒老于文字之间云。

据这段记载,虽有些不符事实,如《册府元龟》之修,在真宗景德二年(公元一〇〇五),与《太平广记》等修于太宗太平兴国二年(公元九七七)。要后二十八年;且在太平兴国二年的时候,降王们尚有存在的,并没有都死。但是王明清以宋人记宋事,一定当时人们有这样一种理解,决不是没有根据的。在今天看来,这次修书,却保存了很多的珍贵文献,供我们无尽地探讨,是一件很大的功绩。

所谓四大书,是指《太平御览》一千卷、《太平广记》五百卷、《文苑英华》一千卷、《册府元龟》一千卷。卷帙之巨,前所罕有,现在都有传本。

一、《太平御览》:太宗太平兴国二年,诏李昉等十三人根据前代的《修文御览》、《艺文类聚》、《文思博要》及诸书分门编撰。《玉海》引《太宗实录》云:

> 太平兴国二年三月戊寅,诏翰林学士李昉,左补阙知制诰李穆,太子少詹事汤悦,太子率更令徐铉,太子中允张洎,左补阙李克勤,右拾遗宋白,太子中允陈鄂,光禄寺丞徐用宾,太府寺丞吴淑,国子寺丞舒雅,少府监丞吕文仲、阮思道等,同以前代《修文御览》、《艺文类聚》、《文思博要》及诸书分门编为一千卷。

第五章 纂 述

后来又更换了三人,《玉海》引《宋会要》云：

　　唯克勤、用宾、思道改他官,续命太子中允王克贞董淳,直史馆赵邻畿预焉。

至太平兴国八年(公元九八三)书成,名曰"太平总类"。太宗日览三卷,一岁而读遍,因改名曰"太平御览"。宋李焘《续通鉴长编》云：

　　庚辰(太平兴国八年十一月)诏史馆所修太平总类,自今日进三卷,朕当亲览。宋琪等言：穷岁短晷,日阅三卷,恐圣躬疲倦。上曰：朕性喜读书……此书千卷,朕欲一年读遍……寻改总览名曰御览。

他的内容,凡分五十五门,征引浩博,用书至一千六百九十种,而杂书古诗赋又不能具载,今已失传的十有七八,后来做校勘,辑佚工作者,多视为重要文献。

二、《太平广记》：这和《太平御览》同是太平兴国二年李昉奉诏编撰的。同修的十二人：扈蒙、李穆、汤悦、徐铉、宋白、王克贞、张泊、董淳、赵邻畿、陈鄂、吕文仲、吴淑。除了扈蒙一人外,也全是编撰《太平御览》的人。其成书据《玉海》知为八年十二月庚子,也与《太平御览》同,历时近七年。然《宋会要》云在太平兴国三年八月表进,只历时一年又五月,恐是太速了。但《四库提要》云：六年正月敕雕版印行,则当成书在八年之前,或六年之六有误。四库提要云：凡分五十五部,所采书三百四十五种。今按其书,实分九十二大类,约百五十余小类。引用书目,凡四百四十三种。

它的内容,都是野史传记、小说、杂编之类,书轻者往往全部收入,唐以前书,世所失传的,虽断简残编,尚存什一,尤属可宝。鲁迅辑《古小说钩沉》，大半取材于此。

三、《文苑英华》：此书也是李昉等于太平兴国七年（公元九八二）奉诏编撰的。《玉海》引《宋会要》云：

> 太平兴国七年九月……命翰林学士承旨李昉，学士扈蒙，直院徐铉，中书舍人宋白，知制诰贾黄中、吕蒙正、李至，司封员外郎李穆，库部员外郎杨徽之，监察御史李范，秘书监丞杨励，著作佐郎吴淑、吕文仲、胡汀、戴贻庆，国子监丞杜镐，将作监丞舒雅等阅前代文章，撮其精要，以类分之为千卷……号曰文苑英华。

此十七人中，李昉为总纂外，如扈蒙、徐铉、宋白、李穆、吴淑、吴文仲、舒雅七人，即前修《御览》、《广记》旧人。后来又续命苏易简、王祜等参修。至雍熙四年（公元九八七年），书成，历时将六年。

此书所收，都是梁末以后的文章，意在赓续梁萧统的《文选》，他的分类编辑体例也略相同，而门目更为繁碎，则后来文体日增，非旧目所能赅括也（《四库提要》）。他和《文选》不同的，《文选》旨在精选，故只三十卷，而此则务在兼收，故有千卷之巨。唐许敬宗《文馆词林》（原书已亡）后，此可谓文苑的大观了。

四、《册府元龟》：真宗景德二年（公元一〇〇五年）王钦若，杨亿等奉诏编撰，以王钦若为提总，同修者十五人，至大中祥符六年（公元一〇一三）历八年书成，真宗赐以书名，并御制序。

其书皆取历代君臣事迹，分三十一部，部有总序。又子目一千一百四门，门有小序。皆撰自李维等六人而窜定于杨亿。又命孙奭为之音释，其间义例，多出真宗手定（《四库提要》）。而陈彭年之力为多。张耒《明道杂志》云：

> 杨亿修册府元龟，数卷成，辄奏之。每进本到，真宗即降

付陈彭年。彭年博洽不可欺毫发,故谬误处皆签贴,有小差误必见,至有数十签。亿心颇自愧,乃盛荐彭年文字,请与同修。由此可见当时编撰的谨严。

据《玉海》所载是书凡目录十卷,音义十卷。今有目录,而音义则早已失传了。

以上四大书,四库总目以太平御览、册府元龟列入子部类书类。太平广记列入子部小说家。文苑英华列入集部总集类。

六、明代的永乐大典

明成祖朱棣以燕王起兵入都,篡袭大位,所谓靖难之役,时天下士民,多很忿怒,朱棣乃借文墨以自排遣,这是纂述《永乐大典》的原因。孙承泽《春明梦余录》云:

> 靖难之变,不平之气,遍于海宇,文皇借文墨以销块垒。

此实系当日本意,似属可信。

永乐元年(公元一四○三)七月,朱棣谕翰林学士解缙等,开始编辑,并指示体例。《明实录》云:

> 永乐元年七月,谕翰林侍读学士解缙等曰:天下古今事物散载诸书,篇帙浩穰,不易检阅。朕欲悉采各书所载事物类聚之,而统之以韵,庶几考索之便,如探囊取物尔。尝观《韵府》、《回溪》二书,事虽有统而采摘不广,记载太略。尔等其如朕意:凡书契以来经史子集百家之书,至于天文、地志、阴阳、医卜、僧道、技艺之言,备辑为一书,毋厌浩繁。

二年十一月解缙等便把纂录之书进呈,朱棣赐名曰《文献大成》,赐缙等百四十七人钞有差,并赐宴礼部。但是这样一部浩繁的巨著,只有一年又四个月便告完成,当然是草率的。所以朱棣也不能满意,认为必须重修于是再命姚广孝,刘季箎、解缙三人为总监修,一切规模,都比初修为大,参与其事的凡二千一百六十九人之多,于五年十一月奏进,历时又三年。书凡二万二千二百一十一卷,一万一千九十五本,更赐名曰"永乐大典"。《明实录》云:

既而上览所进书尚多未备,遂命重修,而敕太子少师姚广孝、刑部侍郎刘季箎及缙总之。命翰林学士王景、侍读学士王达、国子祭酒胡俨、司经局洗马杨溥、儒士陈济为总裁。翰林院侍讲邹缉,修撰王褒、梁潜、吴溥、李贯、杨觏、曾棨,编修朱纮,检讨王洪、蒋骥、潘畿、王偁、苏伯厚、张伯颖,典籍梁用行,庶吉士杨相,左春坊左中允尹昌隆,宗人府经历高得旸,吏部郎中叶砥,山东按察佥事晏璧为副总裁。命礼部简中外官及四方宿学老儒有文学者充纂修。简国子监及在外郡县学能书生员缮写。开馆于文渊阁,命光禄寺给朝暮膳。五年十一月太子少师姚广孝等进重修《文献大成》,书凡二万二千二百一十一卷,一万一千九十五本,更赐名"永乐大典"。上亲制序以冠之。

当时写有两部,正本贮文渊阁。副本贮皇史宬(据《春明梦余录》)并欲刻印,以永乐七年(公元一四〇九)讫工,后以工费太巨而罢。

永乐十九年(公元一四二一)移都北京,此书亦移贮北京之文楼。世宗朱厚熜最爱读此书,遇有疑难,便按韵索览。嘉靖间,三殿灾,命左右趣登文楼出之,遂得不毁。四十一年(公元一五六二)选礼部儒士程道南等一百人,重录正副二本,命高拱、张居正校理,至隆庆初告成,历时六七年。明亡,原本并毁,至清修四库全书时,其重录残本当存翰林院,庚子之役,散失毁灭殆尽,又多被英美日本所掠夺。自中华人民共和国成立后,苏联和德意志民主共和国都把他们所保存的《永乐大典》,先后归还了我国,这表明了深厚的友谊,应该感谢的。

此书以洪武正韵为纲,把所有的古书都拆散分隶于每韵下,体例又很不一致,确是割裂庞杂,漫无条理。但是朱棣是一个好修文事的统治者,那时古书的保存尚多,都被收入在内。至清修四库全书时,已有不少是世无传本了。朱筠建议从大典中把失传的书,开局搜辑,辑出了经部六十六种,史部四十一种,子部一百三种,集部一百七十五种,凡四千九百二十六卷。其他未经辑出的尚多,因而发动了修四库全书的又一伟大事业,在保存文化遗产上起了巨大的作用。《永乐大典》内容的特点,是突破从前传统的拘迂看法,而收列了一些戏文的作品,为研究戏曲史的重要资料。它的缮写装潢都非常精美,传增湘曾影印《宪台通纪》一种,保留了原本的式样。《永乐大典》目录六十卷,有选石杨氏连筠簃刻本,前有凡例二十一条,可以考知当时纂述的体例。近人袁同礼《永乐大典考》,可以考知现存残本的贮藏处。

七、清代的《图书集成》与《四库全书》

纂述事业,至清代的《古今图书集成》、《四库全书》而其卷帙的浩富,遂为空前所未有。

《古今图书集成》一万卷，原为陈梦雷所编。梦雷字则震，一字省斋，福建闽县人。康熙九年（公元一六七〇）进士，授翰林院编修。耿精忠起兵的时候，招罗有名之士，梦雷被召参与。耿精忠失败，梦雷谪戍尚阳堡。清圣祖玄烨东巡盛京，梦雷献诗，得玄烨的赏识，放归交诚亲王胤祉处行走。胤祉为玄烨的第三子，精于赏鉴，藏书甚富，也好招致名士，梦雷因创编是书，玄烨并书联以赐之。及世宗胤禛嗣位，猜忌诸兄弟，多加残杀，梦雷因胤祉的关系，加他招摇的罪状，又发配到辽阳。这部古今《图书集成》的成绩，也归功于玄烨，别派蒋廷锡等编校，而抹去了原编陈梦雷的姓名。雍正《东华录》云：

康熙六十一年十二月癸亥谕：陈梦雷原系叛附耿精忠之人，皇考宽仁免戮，发往关外，后东巡时以其平日稍知学问，带回京师，交诚亲王处行走。累年以来，招摇无忌，不法甚多，京师断不可留，着将陈梦雷父子发遣边外。陈梦雷处所存《图书集成》一书，皆皇考指示训诲，钦定条例，费数十年圣心，故能贯穿今古，汇合经史天文地理，皆有图记，下至山川草木百工制造，海西秘法，靡不备具，洵为典籍之大观。此书功犹未竣，着九卿公举一二学问渊通之人，令其编纂竣事。原稿内有讹错未当者，即加润色增删。

据这段记载，胤禛对于陈梦雷的处理，固别有作用，而评其书为典籍之大观，却是确论。

其书列为六编，析为三十二典，其六千有余部，其卷一万，其体制简严赡备，首有御制序云：前乎此者，有所未备，后有作者，又何以加焉。洵当之无愧。今将其目列表如下：

第五章 纂 述

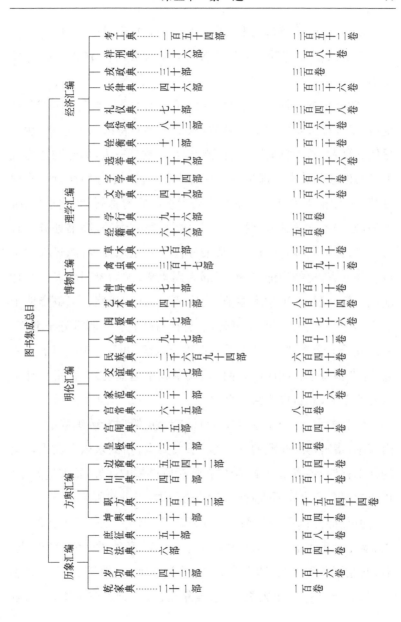

以上共计六汇编,三十二典,六千一百九部,共一万卷。

其书以铜活字排印,图绘极工,号为殿本。中华书局有重印本。

《四库全书》,乾隆三十八年(公元一七七三年)开设四库全书馆,任皇室郡王及大学士为总裁,六部尚书及侍郎为副总裁,然实际任编纂者,乃为总纂官纪昀、孙士毅、陆锡熊三人,而纪昀之力尤多。其他参预其事的都是一时有名的学者,例如:总目协勘官有程晋芳、任大椿等,校勘永乐大典纂修兼分校官有邵晋涵、周永年、戴震等,校辨各省送到遗书纂修官有姚鼐、翁方纲等,缮书处分校官有金榜、孙希旦、赵怀玉等。篆隶分校官有王念孙等,而经部的主持人为戴震,史部为邵晋涵,子部为周永年,尤为专门学者。每种前冠提要一篇,对于学术源流,内容概要,详加说明。至乾隆四十七年(公元一七八二年)全书告成,总计"存书"三千四百五十七部,七万九千七十卷,"存目"六千七百六十六部,九万三千五百五十六卷(存书指著录于四库的,存目乃仅录其书名而已)。存书统计十六万八千册,总目提要共二百卷。

所收书本:(一)敕撰本,指自清初至乾隆时奉敕编纂的;(二)内府本,指宫廷所收藏的;(三)永乐大典本,指从永乐大典内辑出的佚书;(四)各省采进本,指各省督抚所进献的;(五)私人进献本,指当时著名藏书家所进献的;(六)通行本,指世间所流行的。

所分部类:(甲)经部:一、易类。二、书类。三、诗类。四、礼类。周礼,仪礼,礼记,三礼通义,通礼,杂礼书。五、春秋类。六、孝经类。七、五经总义类。八、四书类。九、乐类。十、小学类。训诂,字书,韵书。(乙)史部:一、正史类。二、编年类。三、记事本末类。四、别史类。五、杂史类。六、诏令奏议类。七、传记类。圣贤、名人、总录、杂录。八、史钞类。九、载记类。十、时令类。十一、地理类。总志,都会郡县,河渠,边防,山川,古迹,杂记,游记,外纪。十二、职官类。官制,官箴。十三、政书类。通制典礼邦计,军政,法令,考工。十四、目录类。经籍、金石。十五、史评类。(丙)子部：一、儒家类。二、兵家类。三、法家类。四、农家类。五、医家类。六、天文算法类。推步,算书。七、术数类。数学、占候,相宅相墓,占卜,命书相书,阴阳五行。八、艺术类。书画、琴谱,篆刻,杂技。九、谱录类。器用食谱,草木鸟兽虫鱼。十、杂家类。杂学、杂考,杂说,杂品,杂纂,杂编。十一、类书类。十二、小说家类。杂事,异闻,琐语,十三、释家类。十四、道家类。(丁)集部：一、楚辞类。二、别集类。三、总集类。四、诗文评类。五、词典类。词集,词选,词话,词谱词韵,南北曲。

储藏之处：此书修成,抄有四部,分藏于北京紫禁城内的文渊阁、圆明园内的文源阁、奉天的文溯阁、热河的文津阁。称内廷四阁。又抄三部,分藏于江苏扬州的文汇阁、镇江金山寺的文宗阁、浙江杭州的文澜阁。称江浙三阁。总称为七阁。以全书卷帙太巨,择其尤精者为荟要,分贮大内及御园。又以全书提要太繁,别编《简明目录》二十卷。

编书的原因：(一)周永年以道有道藏,释有大藏,而惟儒家独无,因创集合儒书为儒藏,以与道释为鼎足。(二)朱筠奏请采辑残存的《永乐大典》,各自成书,遂为修《四库全书》的动机。(三)清军入关,士民排满情绪非常激烈,弘历因修《四库全书》一面笼络一辈知识分子,使他们耗精弊神于书本中;又一面假求书之名,行焚书之实。凡有排满思想的,严加审别,予以禁毁。三者之中,以后者的用意最为主要,据乾隆四十七年(公元一七八二年)英廉的奏称:共看出应行销毁的一百四十四部,应酌量抽毁的一百八十一部。姚觐元刻《清代禁毁书目跋》称:所见吴文昇藏本,约略计之,除馆本外,尚千有余种,又四倍之。可见当时查禁之严。其详具商务书馆印清代禁毁书目。

《四库全书提要》的修成,因为它指示了各种学问的入门途径。对于清代学术的发展,起了很大的推动作用。虽不免有些错误和缺漏,就大体来说,总是一部有价值的空前巨著。近时胡玉缙有《四库全书提要补正》,余嘉锡有《四库全书提要辨证》,则更考证精密,为读此书的重要参考书。

八、总集的纂述

总集之体,不外两类,一类是网罗放失,使零章残什,并有所归,注重于资料的保存。一类是删汰繁芜,使萎稗咸除,菁华毕出,注重于文章的鉴别。由第二类自萧统的《文选》、徐陵的《玉台新咏》以下为研究文学的所需。目录繁多,不胜枚举,姑置弗论。今所述的是属于第一类,因资料的保存与文献的关系更为密切。据现存的著作,约分三类,每类约举内容较备,卷帙轶富的数种为例,不遑详列,以待隅反。

(一)断代:三百篇为周代之作,既列为经。楚辞附汉人之文,别为一类,都不可把断代限之。据《四库》所收,最早的为宋姚铉的《唐文粹》一百卷,提要谓论唐文者终以是书为总汇,然以比清代所纂的《全唐文》一千卷,则仅十一而已。明梅鼎祚编《西汉文纪》至《隋文纪》十种,《提要》谓为著作之骊渊,然以比清严可均的《全上古三代秦汉三国六朝文》七百四十一卷,则又漏失甚多。盖纂述之业,后来居上,然亦有赖于前人的积累保存。况资料广博,日出不穷,是在后人的不断搜辑耳。今举目于下:

《全上古三代秦汉三国六朝文》七百四十一卷。

清乌程严可均辑。清光绪十三年广雅书局刊本。丁福保医药书局影印本。

《全汉三国晋南北朝诗》五十四卷。

无锡丁福保辑。丁氏排印本。

《全唐诗》九百卷。

清康熙四十六年御定。扬州诗局刊本,同文书局石印本。

《全唐文》一千卷。

清嘉庆十九年御定。清内府刊本。广雅书局刊本。

《宋文鉴》一百五十卷。

宋吕祖谦辑。光绪十二年江苏书局刊本。

《南宋文范》七十卷。《外编》四卷。《作者考》二卷。

清秀水庄仲方辑。光绪十四年江苏书局刊本。

《辽文萃》七卷。

清吴县王仁俊辑。排印本。

《全金诗》七十四卷。

清康熙五十年御定。内府刊本。

《金文最》一百二十卷。

清昭文张金吾辑。光绪八年南海伍氏粤雅书刊本。

《元文类》七十卷。

　　元苏天爵辑。光绪十五年江苏书局刊本。

《明文海》四百八十二卷。

　　清余姚黄宗羲辑。抄本。

　　（二）分地：搜罗一地之诗文，编为一书，或一省，或一府，或一县，或一乡一镇，往往多有。旨在保存文献，有得必录。或以人存诗，不求辞藻之富丽。四库所收最早的为宋孔延之的《会稽掇英总集》二十卷，为熙宁壬子（公元一〇七二年）所序。其所录诗文，大都由搜严剔数而得，故多出名人集本之外，为世所罕见，以资考证，裨益良多。是亦总集的特色。今亦各举数种于下：

《江苏诗征》一百八十三卷。

　　清王豫辑。清道光元年刊本。

《两浙輶轩录》四十卷。《补遗》十卷。

　　清阮元辑。光绪十六年浙江书局刊本。

《湖南文征》元明文五十四卷，清朝文一百三十六卷。

　　清罗汝怀辑。同治十年刊本。

　　　　以上分省。

《吴都文粹》九卷。

　　宋郑虎臣辑。

《吴都文粹续集》五十六卷。《补遗》一卷。

　　明钱榖辑。四库珍本本。

《清金陵诗征》四十八卷

　　清朱绪曾辑。光绪十三年刊本。

　　　　以上分府

《清松陵诗征》二十卷

　　清袁景辂辑。乾隆三十二年刊本。

《海陵文征》二十卷

　　清夏荃辑。道光二十三年刊本。

《当湖文系初编》二十八卷。

　　清朱壬林辑。光绪十五年刊本。

　　　以上分县。

《盛湖诗萃》十二卷。《续编》四卷。

　　清王鲲辑。《续编》子致望辑。咸丰五年刊本。

《硖川诗钞》二十卷。附《词钞》一卷。

　　清曹宗载辑。光绪十八年刊本。

　　　以上分乡分镇

（三）别类：又有据作品的体裁纂集的，主要也为搜集资料以供专门研究的需要，此类较以上两类为少。除诗文外，也各举数种如下：

《乐府诗集》一百卷。

　　宋太原郭茂倩辑。汲古阁刊本。古籍出版社影宋本。

《历代赋汇》一百四十卷。《外集》二十卷。《逸句》二卷。《补遗》二十二卷。

　　清康熙四十五年御定。内府本。

《历代诗余》一百二十卷。

　　清康熙四十六年御定。内府本。

《古谣谚》一百卷。

　　清秀水杜文澜辑。中华书局排印本。

其他又有家集之属，故旧之属，尺牍词命表启时文之属，题咏之属，唱和投赠之属。课艺之属等等今不具列。

九、佚书的纂辑

古代书籍在没有发明雕版印刷之前，只凭手钞，流传不普遍，又多经兵火之厄，很容易散失。试把《汉书艺文志》所著录的书名来比对《隋书·经籍志》，《经籍志》没有的约占十之七八，都是失传的了。以比《唐书·艺文志》又要少去不少。可见它是逐渐地在失传，真是非常可惜的事！自从有了辑佚书的方法，才能把它保存了一部分，虽然是不完全，在文献上的价值是不可估计的！

大概在唐宋时代，虽失传的古书已经不少，但是他们所见到的，总比后人要多得多。他们在自己所著的书中引用了这一批资料，却无意中起了保存的功用。后来做辑佚工作的便视为渔猎的渊薮。例如唐宋时类书：虞世南的《北堂书钞》，欧阳询的《艺文类聚》，徐坚的《初学记》，白居易、孔传的《白孔六帖》，李昉等的《太平御览》，吴淑的《事类赋》，等等。唐人所注的书：张守节的《史记正义》，司马贞的《史记索隐》，颜师古的《汉书注》，李善的《文选注》，释元应、慧琳等的《一切经音义》，等等。旁及地志金石，都是主要的资料。即前乎此的宋裴松之的《三国志注》、北魏郦道元的《水经注》，后乎此的元胡三省的《通鉴注》，等等，也都是取之无尽的宝库。只要它书中引用的有现在失传的书，辑迭工作者都要注意！所以非博览群书不可！

第五章 纂述

创为搜辑佚之书说的，是宋代的郑樵，《校雠略》云：

> 书有亡者，有虽亡而不亡者，文言略例虽亡，而周易具在。汉魏吴晋鼓曲虽亡，而乐府具在。三礼目录虽亡，可取诸三礼。十三代史目录虽亡，可取诸十三代史。常鼎宝文选著作人名虽亡，可取诸文选……凡此之类，名虽亡而实不亡者。

郑氏言书之亡者，可在同类书中搜辑之，此开清人辑书之先路，清人辑书的方法，即本郑氏之说而更精之。

首先做辑佚工作的，是宋代的王应麟（叶德辉《书林清话》据宋黄伯思《东观余论》谓辑刻古书当始于真静陈尊师的《相鹤经》，虽《说郛》所收，《绛云楼书目》所载，叶亦认为不知视真静书如何？故今不取）。他把早经失传了的汉郑玄的易注、汉齐鲁韩三家的诗说，都辑成了专书，附刻在他所编的《玉海》后面。虽然清人对这两部书做了不少的补充，但是创始之功是不可没的。

元明两代很少有人继续这工作，明代虽有孙毂的《古微书》三十六卷，辑录了失传的纬书，尚多遗漏杜撰，其他则不多见。到了清代始大大地发展，不但种类之多，而精密详审，后来居上，遂为一种专门学问。

清代的辑佚成绩，如《四库》所收从《永乐大典》辑出的，凡经部六十六种，史部四十一种，子部一百三种，集部一百七十五种，共四千九百二十六卷（据王际华等《永乐大典采辑目》）。用活字排印，即是武英殿聚珍版丛书，共计一百三十八种（据陶湘《故宫殿本书库现存目》）。其他已经辑出而为《四库》未收武英殿未刊的尚多，巨帙如杭世骏辑的《续礼记集说》一百卷、徐松辑的《中兴礼书》一百五十卷、《宋会要》五百卷之类又数十种。

私人所辑的更为繁富，略举一二，如余萧客的《古经解钩沉》则辑汉魏以来的经说，任大椿的《小学钩沉》和《字林考逸》则辑汉魏以来的字学，《诗》则有陈乔枞的《三家诗遗说考》，《左传》则有李贻德的《春秋左传贾服注辑述》，《苍颉篇》则有孙星衍、梁章钜、任兆麟、陶方琦、诸可宝、曹元忠、王仁俊等所辑之本。郑玄著作则有孔广林的《通德遗书》、袁钧的《郑氏佚书》、黄奭的《高密遗书》。其兼辑群书的则有张澍的《二酉堂丛书》二十一种，茆泮林的《十种古逸书》，尤以黄谟的《汉魏遗书钞》一百三种、《汉唐地理书钞》四十七种，马国翰的《玉函山房辑佚书》经类四百十五种、史类八种、子类一百五十四种、补遗经十八种、子二种，共五百九十七种。黄奭的《汉学堂丛书》经一百四十六种，子十六种，史九十三种，共二百五十五种；最为大观。他如章宗源、严可均、洪颐煊等更称精密。

清人纂辑佚书之多而且精，对于学术上有极大的贡献，但此事并不容易，必对于目录的源流、学术的派别，以及有关考据方面，都能原原本本，洞若观火，才不至于误甲为乙，而使条理秩然。或者误以为辑佚不过钞书而已，此乃不知辑佚的甘苦，而漫作是言耳。

辑佚的工作，前人虽已取得了很大的成绩，并不是已经无事可做。因为书籍之多，浩如烟海，一人的耳目有限，岂能遍览，前人所遗漏，正赖后人来补苴；何况新资料的发现，日出不穷，更为前人所无法看到的，例如近数十年发现的日本所藏我国失传古书的写本和刻本、敦煌石室的古写本，数量甚多，真是丰富的矿藏，尽可大力地发掘。从前做这种工作者，都是单干，所以成绩究竟有限,现在应该用集体的力量,有组织地来合作,一定能取得更大的成就。

十、丛书的纂辑

丛书的名称,始见于唐陆龟蒙的《笠泽丛书》,其取名的意义,是指丛脞细碎,和后来丛书的汇刻各书不同,它是诗文别集而不是现在所指的丛书。现在所指的丛书的意义,据清人王倬云:

> 丛者聚也,或支分于盈尺之部,或散见于片褚之间,裒而聚之也。又丛者,杂也,或述经史,或办礼义,或备劝诫,或资考订,事类纷纶,杂而列之也。

这样解释是最明确了。

汇刻各书为一篇的丛书,前人多以为创始于宋度宗赵禥咸淳九年癸酉(公元一二七三年)左圭编的《百川学海》。自缪荃孙在光绪十八年壬辰(公元一八九二年)从山西贾人见明嘉靖十一年壬辰(公元一五三二年)王艮栋手钞的《儒学警悟》一书,才确定在《百川学海》前七十二年已有了丛书的编刻。

《儒学警悟》四十卷,宋太学俞鼎孙同上舍兄经同编,书的内容分为七集,收书六种,其目如下:

    一集为《石林燕语》辨卷一之十,叶梦得撰,汪应辰辨。
    二集为《演繁露》卷十一之十六,程大昌撰。
    三集为《嬾真子》卷十七之二十一,马永贞撰。
    四集为《考古编》卷二十二之三十一,程大昌撰。

五集为《扪虱新话》上集卷三十二之三十五。

六集为《扪虱新话》下集卷三十六之三十九,陈善撰。

七集为《萤雪集说》卷四十上之四十下。

目录后有嘉泰辛酉(公元一二○一年)正月十有五日建安俞成元德父跋。《石林燕语辨》首有壬戌(公元一二○二年)三月初有七日承议郎前南剑州通判俞闻中梦达刊于家塾跋:

> 此书数集,分作甲乙丙丁四部,卷帙若干,乃待制阁学俞公所受以歆天下之学者,阁中敬为刻梓。

据此,是俞闻中于宋宁宗嘉泰壬戌所刻,其目见《宋史艺文志》"类书类",今虽刻本久佚,幸有王良栋的抄本流传,近武进陶湘又据以重刻,世人始得见最早的丛书。

但此书体例系通连计卷,不各还各书,不如后来丛书以一书为一种之善。然亦有仿者式者,如清代钦定的《四库全书》、吴省兰的《艺海珠尘》、阮元的《学海堂经解》。

明人喜刻丛书,然往往任意删节窜改,非原书面目。其佳者如顾元庆的《顾氏文房小说》、陆楫的《古今说海》、范钦的《范氏奇书》、程荣的《汉魏丛书》、吴琯的《古今逸史》、胡维新的《两京遗编》、周子义的《子汇》、商濬的《稗海》、胡震亨的《秘册汇函》及毛晋的《津逮秘书》,藏书家均视为善本。

到了清代,官刻丛书武英殿聚珍版丛书外,私人编刻的风气大盛,内容亦益精美,此亦与学术风气的发达有关。其搜罗秘籍,刻书最多的:鲍廷博的《知不足斋丛书》、钱熙祚的《守山阁丛书》、伍崇曜的《粤雅堂丛书》。其专收古书,校勘精审的:卢见曾的《雅雨堂丛书》、卢文弨的《抱经堂丛书》。其影雕宋元,印刷精良的:黄丕烈的《士礼居丛书》、孙星衍的《岱南阁丛书》、黎庶昌的《古逸丛书》。其刻一地文献的：伍元徽、伍崇曜的《岭南遗书》，丁丙的《武林往哲遗著》，王灏的《畿辅丛书》，孙衣言的《永嘉丛书》。其汇刻一姓著作的：汪中、汪喜孙的《江都汪氏丛书》，陈寿祺、陈乔枞的《侯官陈氏遗书》。其汇刻一人著作的：顾炎武的《顾亭林先生遗书》、王夫之的《船山遗书》、钱大昕的《潜研堂全书》、段玉裁的《经韵楼丛书》。其分类汇刻的：经有纳兰成德的《通志堂经解》、钱仪吉的《经苑》、阮元的《学海堂经解》、王先谦的《南菁书院经解》。史有广雅书局《史学丛书》，子有浙江书局《二十二子》，（以上两种系官刻），集有阙名的《初唐四杰集》、张百熙的《弘正四杰集》等更不胜其举。又有一部之中分一小类汇刻的：如小学、音韵、舆地、金石、目录、医方、小说、词曲，几于每类都有，详见杨守敬的《丛书举要》及近人所编各种丛书书目。

清张之洞撰《书目答问》极力劝人刻丛书，他说："人自问功德著作不足以传世，则莫如刊刻丛书以垂不朽。"

这一鼓励，有很大效果。兼以印刷方便，木刻外有石印排印，故近数十年来的丛书更多。

丛书多是家刻，流传不广，一时不易购得。又一书之中，具备各类，读者需用一种而必购全部，亦感不便。于是商务印书馆在民国二十四年（公元一九三五年）选定丛书百种，分类汇编为《丛书集成》一书，为丛书的丛书，洋洋大观，今人购一书而包罗百种难得的书。又有另种单行，今人可以低廉之价得所需的书。可惜全书没有印完。今当文化高潮，为科学研究的需要，应把未印的续印补全，再选其他丛书百种印为续编。

至丛书的功用，前人言者甚多，最切要的，莫如张之洞、李慈铭二人所言，今录于下：

张之洞云：丛书最便学者，为其一部之中可该群籍，欲多读古书，非买丛书不可！

李慈铭云：士夫有志于古而稍有力者，无不罔罗散逸，香拾丛残，几于无隐之不搜，无微之不续，而其事遂为天壤间学术之所系，前哲之心力，其一二存者得以不坠，著述之未成者，荟萃而可传。凡遗经佚史，流风善政，嘉言懿行，瑰迹异闻，皆得以考见其略，而后之人即其所聚之书，门分类别，各因其才质之所近，以得其学之所归。于是丛书之功，在天下为最巨！

第六章 读书方法

一、辨别古书的真伪

古来的书籍，真是汗牛充栋，以一人短短数十年的时间和精力，不可能遍读。况且古书又多为后人所伪造，如不加辨别，又将枉费时间精力于无用之地。因为这样，所以从前的学者对于辨别古书的工作，下了不少功夫，积了许多成绩，我们今天得享其成，是非常幸运，清张之洞说："一分真伪而古书去其半。"(《輶轩语》)这话虽似太过，然而确是省走不少弯路。

梁启超说："中国人伪造(古书)的本事特别大，而且发现得特别早。无论那门学问都有许多伪书：经学有经学的伪书，史学有史学的伪书，佛学有佛学的伪书，文学有文学的伪书，到处都可以遇见。"又说："因为有许多伪书，足令从事研究的人，扰乱迷惑，许多好古深思之士，往往为伪书所误，研究的基础先不稳固，往后的推论结论更不用说了。"(《古书真伪及其年代》)这说明了伪书的普遍和危害性，所以我们对于古书的研究和批判工作，必须先注意这个问题！

伪造古书大概起于什么时候呢？据现有文献，约在六国时候。

发现伪书最早的是谁呢？是东汉初期的班固，他撰《汉书艺文志》是根据刘向父子的《别录》《七略》，往往在书下注明后人依托：

《太公》二百三十七篇。注吕望为周师尚父，本有道者。或有近世或以为太公术者所增加也。

《杂黄帝》五十八篇。注六国时贤者所作。

《力牧》二十二篇。注六国时所作，托之力牧。力牧黄帝相。（道家）

《孔甲盘盂》二十六篇。注黄帝之史，或曰：夏帝孔甲，似皆非。

《大禹》三十七篇。注传言禹所作，其文似后世语。

《神农》二十篇。注六国时诸子疾时怠于农业，道耕农事，托之神农。

《伊尹说》二十七篇。注其语浅薄，似依托也。

《鬻子说》十九篇。注后世所加。

《师旷》六篇。注见春秋，其言浅薄，本与此同，似因托也。

《天乙》三篇。注天乙谓汤，其言非殷时，皆依托也。

《黄帝说》四十篇。注迂诞依托。

《封胡》五篇。注黄帝臣，依托也。

《封后》十三篇。注图二卷。黄帝臣，依托也。

《力牧》十五篇。注黄帝臣，依托也。（兵家阴阳）

《鬼容区》三篇。注图一卷，黄帝臣，依托。

以上各书，虽注明六国时人依托的只《杂黄帝》、《力牧》、《神农》三种，而其他可推而知。由此而下，大致每一时代都有人在作伪。

辨别真伪的方法：在历史方面，应该注意进化系统的紊乱、社会背景的混淆、事实是非的倒置，等等。思想方面，应该注意时代思想的紊乱、学术源流的混淆、个人主张的矛盾，等等。

为什么有这样多的伪书呢？它的来历，约有四种：一、好古。二、含有秘密性。三、散乱及购求。四、因秘卒偶然发现而附会。

作伪的动机：又可分为有意与无意两类。有意作伪的，约有六项：一、托古。二、邀赏。三、争胜。四、炫名。五、诬善。六、掠美。无意作伪的，约有四项：一、因篇中有某人名而误题。二、因书中多述某人行事或言论而得名。三、不得主名而臆推忘题。四、本有主名，不察而忘题。它的原因是非常复杂的，这里也不能详谈了。

辨别伪书的工作，自汉班固以下，也是代有其人，到了清代的学者。他们的成绩更为辉煌，尤其重要的，如胡渭《易图明辨》的辨太极图河图洛书的伪。阎若璩《古文尚书疏证》、惠栋《古文尚书考》的辨《古文尚书》的伪。孙志祖《家语疏证》、范家相《家语辨伪》的辨《孔子家语》的伪。其他兼辨群书的，有姚际恒《古今伪书考》、崔述考《信录提要》、康有为《新学伪经考》。其他零碎的材料更多，虽然醇驳互见，确是比明代的宋濂、胡应麟要高明得多，可说是一时之盛了。

二、认识学术的源流

研究古书尤其是经子两类，必先认识它的学术源流！经类的六经：出自孔子手定，经秦始皇焚书而共传或残缺了。汉兴，访求遗书，出于时人口授而用隶书写的谓之今文。后来在孔子宅壁中及鲁淹中等处发见的古本用籀书写的谓之古文、群儒传述，便有今古文的不同。前汉学者注重师法，后汉学者注重家法。先有师法而后能成一家之言，所以师法前于家法。师法者溯其源，家法者演其流。师法家法所以分的，如易有施雠、孟喜、梁邱贺之学，这是师法；施家有张禹、彭宣之学，孟有翟放、白光之学，梁邱有士孙张、邓彭祖、衡咸之学，这是家法。家法从师法分出，而施孟梁邱的师法，又从田王孙一师分出，如干既分枝，枝又分枝。这是经学的源流。战国时诸子，百家争鸣，而亦各有其源流。《汉书艺文志》于诸子十家，必溯其源。曰：儒家者流盖出于司徒之官；道家者流，盖出于史官；阴阳家者流，盖出于羲和之官；法家者流，盖出于理官；名家者流，盖出于礼官；墨家者流，盖出于清庙之守；纵横家者流，盖出于行人之官；杂家者流，盖出于议官；农家者流，盖出于农稷之官；小说家者流，盖出于稗官。由此可知诸子的源流，循其流以求其源，方可得其立说的本真。

自《汉书·儒林传》以下各史的《儒林·道学》等传，都是叙述学术源流的文献，其更扩而大之的，如黄宗羲、全祖望的《宋儒学案》与《明儒学案》，江藩的《汉学师承记》与《宋学师承记》。王梓材又为《宋儒学案》补遗。近则唐晏的《三国学案》、徐世昌的《清儒学案》，都是皇皇巨著。这类工作，尚可补阙及补遗。

至于用图表方式以著其传授源流的，尤较明白，明朱睦㮮有《授经图》，清毕沅有《传经表》与《通经表》，均须参考。今录清江声的《尚书经师系表》以见例，其所附诸儒姓字里居行事官位从略。

《尚书经师系表》：

第六章 读书方法

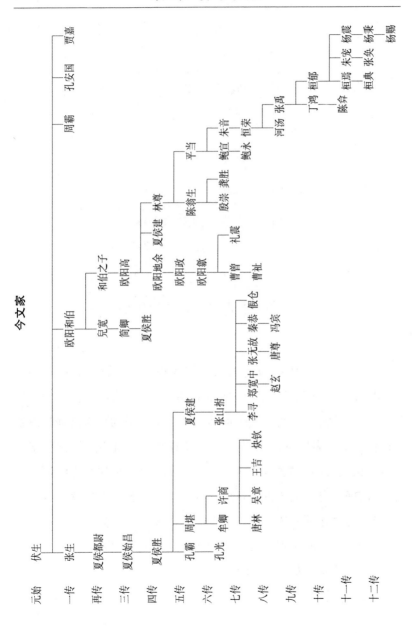

古文家

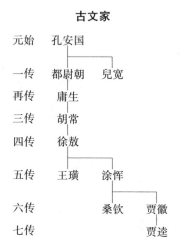

三、贯通古今语言的变迁

读书必须先识字，读古书尤必须先识古字，所谓识古字，不仅是识字的形，还当识字的义，所以必明训诂。古书的训诂，全寄在音韵，如不明音义，便不能明训诂。文字有通假，训诂有异同，声音有流变，必三者明然后古书可读。清俞樾谓："执今人寻行数墨之文，以读周秦两汉之书，犹执山野之天而与言甘泉建章之巨丽也。"其言甚确。所以欲读古书，则如《尔雅》、《广雅》、《方言》、《说文》、《广韵》等书必须先读！尤以清人的校注疏证各本为重要！

读古书以能辨别古人语词为尤要。辨别语词之要有二：

一、辨别古人用字之例。

二、辨别古人造句之例。

怎样来辨别古人用字？因为古人的用字，有实训的，有虚训的。实训的字，能知本字借字的分别，便可知其用字的规条。虚训的字，非通其语词就无从得其训诂。因为古书的字，各有义可寻，而字之为语词的，则无义可言，如把实义来解释，便使文既不通，而意亦难晓。清王引之专为这类语词的研究，著《经传释词》十卷，提出了一百六个词，列举了丰富的证据，自序说："凡此者，其为古之助语，较然甚著，揆之本文而协，验之他卷而通，虽旧说所无，可以心知其意者也。"可谓心得之言，前此的刘淇《助字辨略》，后此的吴昌莹《经词衍释》、孙经世的《经传释词续编》，都不及他。

怎样来辨别古人造句？因为古书是积字成句，积句成章，章句的组织本是由文字而来，古人属词记事，常以言语为转移，后来文与言既分，写在书本的多古语，出于口头的尽今言，把今言来读古语，不但音韵的流变不同，即章句的组织亦异，对此如不明了，在古人本是普通浅显的语，在今天便成为奥僻难解的辞。如能辨别古人造句的例，而得他的缓急同异颠倒错综之故，则所谓奥僻难解的都变成普通浅显了。清俞樾专为这类造句的研究，著《古书疑义举例》七卷，提出了八十八条例，尤以前面的五十二条更为重要。他自序虽说："使童蒙之子，习之其例，有所据依，或亦读书之一助乎？"其实即通儒硕学也不能外此以读古书。后来刘师培、杨树达、马叙伦等又各有增补，都是不可不谈之书。

要贯通古今语言的变迁，以上各书举例甚多，可于原书求之，此间不能详述。清张之洞著《輏轩语》，"主张读经宜明训诂"，他的持论是很正确的！如云：

> 诂者，古言也。谓以今语解古语，此逐字解释者也。训

者,顺也,谓顺其语气解之(或全句,或两三句)。此逐句解释者也。时俗讲义,何尝不逐字逐句解释,但字义多杜撰,语意多影响耳。

可见要避免杜撰影响的弊病,必须研究训诂,即必须能用今语解古语而顺其语气。他又说训诂有四忌,尤不可不知:

一、望文生意。古书多有一字数义之字(随用而异),有假借字(字如此写,却不作此字解);有讹脱字(不能强解)。若不加详考,姑就本文串之,此名望文生义。

一、向壁虚伪。无论实字虚字,解释皆须有本(出于六朝以前书者为有本),若以想当然之法行之,则依稀仿佛,似是而非,此名向壁虚造。

一、卤莽灭裂。古事自有首尾(散见本书,他书不能臆造),古礼自有当时制度,古书自有当时文体,亦有本书义例(凡一书必有一书之凡例、句例、字例),若任意武断,合于此而背于彼,此名卤莽灭裂。

一、自欺欺人。凡解经者,地名须实指何地。人名须实指何人。器物草木须实指何器物草木。若含糊敷衍,但以地名人名器物名草木名了之事既不详,理即不确,此名自欺欺人。

张氏此说,虽指的是读经,其实凡读一切古书,都是适用此方法,尤值得我们注意的!

四、须知分章断句

阅读古书,首先必须能分章断句,倘章句也不能分断,便模糊影响,如何能明了书中的意义呢?甚而违失本义发生误解,或别为曲说,是很自然的事。其原因虽由于古今语言的不同,也亦有关于学者往往视为细事而不加注意所致。

章句的成为一门学问,就是说明它的重要性,它是发明于孔子的弟子子夏,而两汉的学者,无不遵用。《后汉书·徐防传》云:

> 诗书礼乐,定自孔子;发明章句,始于子夏。

《礼记》一书,是汉儒戴圣所辑,其中《学记》一篇,是古代关于教学的最好资料,有云:"一年视离经辨志。"郑玄注云:"离经,断句绝也。辨志,谓别其心意所趋乡也。"孔颖达疏云:"离经谓离析经理,使章句断绝也。"此可说明古人读书的重视章句,清黄以周对于这句的解释最好:

> 古离经有二法:一曰句断,一曰句绝。……句断者,其辞于此中断而意不绝。句绝,则释意俱绝也……辨志者,辨其章旨而标识也。(《群经说》卷三《离经辨志说》)。

依此解释,句断即句读,亦即句逗,今标点符号的逗号也。句绝即今标点符号的句号也。辨志即能辨别书中的意义而划分章节,从而提挈纲领以标出之也。

章句的可见者,莫明于《毛诗》。例如《周南》本一什,学者以其志趣不同,分之为篇,别之为章,题曰《关雎》几章,《葛覃》几章,这就是分章。《毛诗》云:"《关雎》五章,章四句。故言三章,其一章章四句,二章章八句。"这就是分章断句。为什么有不同?据《经典释文》,五章是郑玄所分,故言以下是毛亨本意,于此可见分章断句可凭各人不同的辨别而标识。

《毛诗》之外,各经的章句全书虽亡,其大略犹可在《经典释文》

中见之。例如《论语·述而》：子于是日哭，则不歌。《释文》云：旧以为别章，今宜合前章。按前章云：子食于有丧者之侧，未尝饱也。如此章句的哭字才有了根（据）。又如《先进》：德行：颜渊、闵子骞、冉伯牛、仲弓。言语：宰我、子贡。政事：冉有、季路。文学：子游、子夏。疏云：郑玄以合前章，皇侃别为一章。按前章云：子曰：从我于陈蔡者，皆不及门也。如此则这章所举的十人，都是曾从孔子于陈蔡的，叙述不致太突。此为分章的不同。《八佾》：子曰：君子无所争，必也射乎？《释文》云：郑读以"必也"绝句。《子罕》：子贡曰：有美至于斯，韫椟而藏诸？求善价而沽诸？子曰：沽之哉！我待沽者也。今敦煌石室发现的残卷郑注云：鲁读"沽之哉"不重，今从古也。以上可于断句的不同而体会到语气的轻重缓急的有异，以为断句的不同。

因汉人对于章句的注重，故各经都有专门之书，如西汉《易》有施雠、孟喜、梁邱贺章句；《尚书》有欧阳章句、大小夏侯章句；《春秋》有公羊章句、穀梁章句，见《汉书艺文志》；《易》有京房章句，见《隋书经籍志》，有费直章句，见《经典释文》。东汉《易》有刘表章句，见《隋书经籍志》；《尚书》有桓君太常大小章句，见《后汉书·桓郁传》；《礼》有虞氏章句，见《后汉书·曹褒传》，有桥君学章句，见《后汉书·桥玄传》。可惜都已失传了。

清代学者继之有作，对于经类，大半已明，而于史子群书，则尚作者无多。初学者可试把《史记》、《汉书》用离经辨志的方法，细为点句画段，标明大旨，一展视之，便可知用心的浅深，诚是培养阅读古书的良法。

清儒对于章句的研究，有极大的成绩，如《仪礼》一经，韩俞尚称为难读，自张尔岐著《仪礼句读》，吴廷华著《仪礼章句》，后人便不觉难读了。又如《墨子》中的《经上下》及《经说上下》,也是从来认为最难读的,自孙诒让发现了经与说本是旁行,两截分读,今本误合并写,混乱讹脱,遂不可通。因而发明了旁读之例,其难便解。至于断句的不同,因而发生意义的不同,其例尤多,它的是非,要据更广博的资料,经过极细致的研究,才能作出决定。今约举如下:

《尚书》:舜生三十征庸、三十在位,五十载陟方乃死。《伪孔安国传》、《蔡沈集传》并以庸字、位字、死字绝句。赵歧注《孟子》亦云:舜耕历山三十征庸。郑玄读此经云:舜生三十,谓生三十年也。征庸二十(三十郑作二十,当是郑所见本异)谓历试二十年。在位五十载,陟方乃死。谓舜摄位至死为五十年。则以舜生三十为句,征庸三十为句,在位五十载为句。

《春秋左氏传》庄三十二年:初,公筑台临党氏、见孟任从之,閟,而以夫人言许之,割臂盟公,生子般焉。杜预注:许以为夫人,此以夫人言许之连文为句。顾炎武云:以夫人言为句,公语以立之为夫人也。许之,孟任许公也。

《春秋公羊传》僖公二年:请以屈产之乘。何休注云:屈产地名,是以屈产连文为读。《吕氏春秋·权勋篇》高诱注:屈产之乘,屈邑所生。则当于屈下作一小逗。

五、须勤钞撮笔记

书籍在没有雕版以前,读者不得不手自抄写。自有雕版发明之后,得书虽甚便利,然研究学问的仍多亲自抄写,因为抄写有助于研究。宋叶梦得云：

> 唐以前，凡书籍皆写本，未有模印之法，人以藏书为贵，人不多有。而藏书者精于雠对，故往往皆有善本。学者以传录之艰！故其诵读亦精详。（胡应麟《少室山房笔丛·甲部·经籍会通引》）

学者因传录不易，因而用心于诵读，此说盖对于后世有拥书万卷而曾不一读，或读之而卤莽灭裂之人言的。根据前人实践经验来说，凡一书经过亲手抄写，必须一字一句，细细领会，丝毫不能放过，当然印象深刻，远胜于粗心翻阅的印象模糊。且钞书必自始至终，以完成一书，亦非有头无尾，泛览一二卷即抛置的可比，故虽雕版盛行，前人仍多从事抄写。

从前的学者钞书的勤而且多，不胜其举，就其用意，约分三类：

一、为保存秘籍孤本。此类已于前讲版本时详之，大概为藏书家之事。因为虽有刻本，而书籍繁富，势不能尽刻，多有依靠抄本而流传的。抄本或只有一二部不容易访求，则更须依靠多钞副本以广流传。它如刻本或非善本，则遇善本必钞。刻本或非足本，则遇足本必钞。刻本内容或有不同，则遇不同本必钞。故抄本并不因有刻本而可废。

一、为便于诵读。宋邵博《闻见后录》云：唐以前文字未刻印，多是写本，齐衡阳王钧，手自细书五经，置巾箱中，巾箱五经自此始。宋叶梦得《过庭录》（《文献通考》卷一百七十四《经籍考引》）云：前辈说刘原父初为穷经之学，寝食坐卧，虽谒客未尝不以六经自随，蝇头细书为一编，置夹袋中，人或效之，后佣书者遂为雕版，世传夹袋六经是也。凡此所谓巾箱五经、夹袋六经，所钞都是全书,因大本于诵读不便,故需手自细书、小本,方可于寝食坐卧时诵读。但此法旷日持久,不能责之人人皆这样做。

一、为节钞菁华。此类因原书浩博,不易终卷,因删汰繁芜,存其菁华,初为自己的便利,而后来即据以刻行。如宋魏了翁的《九经要义》,因注疏太繁而节钞的。唐马总的《意林》、宋高似孙的《子略》,都是节钞诸子的菁华。它如《十七史详节》、《史记菁华录》等书,皆属此类。但此类唐宋人节钞古书的价值,却多在又一方面,如魏了翁所据的贾公彦《仪礼疏》是景德官刻单疏本,清张敦仁重刻贾书时,宋刻单疏已缺了数卷,顾千里便据魏书来补全。《意林》、《子略》所采之书今多失传,或与今本文字不同。前者是辑佚所需,后者是校勘之资,与明以来节钞的不可并论。

笔记工作,尤为学者所不可缺!无论是资料,是心得,都依靠笔记的积累,否则记忆力虽强,一定过时即忘,再要寻觅,便非易事。前人著作,都是根据平日的笔记来整理组织,内容愈充实而有力量的著作,也一定由于他的笔记工作做得好,是无疑的。

笔记的方法有二:一是备空白簿子一本,读书时把须要的资料,分门别类,随得随钞。如长篇的,可先把内容标出,并把书名卷数页数行数记出,则将来需用时,一查便得。自己读书的心得则另立一簿。又有用图书目录卡,每条一卡,可分可并,其法亦善。一是随手在所读的书本眉端加以批识,刻本书书眉阔大,即备此用。现在排印本则狭窄不适用了。此法于将来著作时,便可丝联绳贯,成一部篇幅完整的书。即不然,按条钞出,也自成一种读书笔记。清人治学多是如此。自己整理的如顾炎武的《日知录》、钱大昕的《十驾斋养新录》、赵翼的《陔余丛考》等是。他人所辑的如蒋维钧辑何焯的《义门读书记》、方东树辑姚范的《援鹑堂笔记》，我所辑惠栋的《松崖读书记》等是。我们正可以为法则。

六、注重实事求是精神

我们谈阅读古书的方法，首先必须明确我们的阶级和观点、立场，也就必须以毛主席论继承文化遗产问题的经典文献作为坚定不移的方针！毛主席在《中国共产党在民族战争中的地位》一文中说："学习我们的历史遗产，用马克思主义的方法给以批判的总结，是我们学习的另一任务。我们这个民族有数千年的历史，有它的特点，有它的许多珍贵品。对于这些，我们还是小学生。今天的中国是历史的中国的一个发展；我们是马克思主义的历史主义者，我们不应当割断历史。从孔夫子到孙中山，我们应当给以总结，承继这一份珍贵的遗产，这对于指导当前的伟大的运动，是有重要的帮助……"又在《新民主主义论》中说："中国的长期封建社会中，创造了灿烂的古代文化，清理古代文化的发展过程，剔除其封建性的糟粕，吸收其民主性的精华，是发展民族新文化提高民族自信心的必要条件；但是决不能无批判地兼收并蓄。必须将古代封建统治阶级的一切腐臭的东西和古代优秀的人民文化即多少带有民主性和革命性的东西区别开来。中国现实的新政治新经济是从古代的旧政治旧经济发展而来的，中国现实的新文化也是从古代的旧文化发展而来，因此，我们必须尊重自己的历史，决不能割断历史。但是这种尊重，是给历史以一定的科学的地位，是尊重历史的辩证法的发展,而不是颂古非今,不是赞扬任何封建的毒素。对于人民群众和青年学生,主要的不是要引他们向后看,而是要引导他们向前看!"又《在延安文艺座谈会上的讲话》一文中详细地教导了我们,我们所当熟读和深思的!

一九五八年三月十日中共中央宣传部副部长陈伯达同志提出了"厚今博古,边干边学"的问题,他认为考古是可以的,但不能用学术界的主要力量去考古。主要力量应该用于研究当代的现实,而且考古的目的,也应该是为了温故而知新。更是纠正了现在的一些偏向,而明确了我们读古书的目的!所以在介绍古人读书方法之前,引证它求端正我们的观点立场。

要批判总结文化遗产,要温故而知新,必须把书本的内容认识得真实清楚,所以读书的方法应该实事求是。实事求是这句话,首见于《汉书·景十三王传》的《河间献王德传》。颜师古注:务得事实,每求真是也。后来汉书学家是奉它为金科玉律的。前此论读书方法的,如《论语》、《礼记》中的《学记》、《荀子》中的《劝学篇》等,都有极精之论。此后散见各书的材料也不少,清周永年《先正读书法》一类的一书已有搜集了。以一人的读书方法而专著一书的,如宋张洪、齐熙同编的《朱子读书法》四卷。是从朱熹著作中分门缀辑。元程端礼的《读书分年日程》三卷,也是本于《朱子读书法》,在今天已大部分不适用了。而符合实事求是的要求的,要推清代的经学家,因为他们有科学精神,无凿空之言。今略举数人之说,以见概要。

一、戴震

《与是仲明论学书》云:经之至者,道也。所以明道者,词也。

所以成词者,字也。由字以通其词,由词以通其道。所谓字,考诸篆书,得许氏说文解字,三年,得其节目,渐睹圣人制作本始。又疑许氏于古训未能尽,从友人假十三经注疏读之,则知一字之义,当贯群经,本六书,然后为定。

《古经解钩沉序》云:搜考异文,以为订经之助。广揽汉儒笺注之存者,以为综考训诂之助。

二、段玉裁

《广雅疏证序》云:治经莫重于得义,得义莫切于得音……不熟于古形古音古义,则其说之存者无由甄综。其说之亡者,无由比例推测。

周礼汉读考序云:训诂必就其原文,而后不以字妨经。必就其字之声类,而后不以经妨字,不以字妨经,不以经妨字而后经明。经明而后圣人之道明。

点画谓之文,文滋谓之字,音读谓之名,名之分别部居谓之声类。

三、王念孙

《说文解字读序》云:《说文》之为书,以文字而兼声音训诂者也。凡许氏形声读若,皆与古音相准,或为古之正音,或为古之合音,方以类聚,物以群分,循而考之,各有条理,不得其远形分合之故,则或执今音以疑古音,或执古之正音,以疑古之合音,而声音之学晦矣。《说文》之训,首列制字之本意,而亦不废假借,凡云一曰及所引经,类多有之,盖以广异文,备多识,而不限于一隅也,不明乎假借之指,则或据《说文》本字以改书传假借之字,或据《说文》引经假借之字以改经之本字，而训诂之学晦矣。

《子引之经义述闻序》云：大人曰：诂训之指，存乎声音。字之声同声近者，经传往往假借，学者以声求义，破其假借之字而强为之解，则诂籀为病矣。故毛公诗传，多以假借之字而训以本字，已开改读之先。至康成笺诗注礼，屡云某读为某，而假借之例大明，后人或病康成破字者，不知古字之多假借也。大人又曰：说经者期于得经义而已，前人传注不皆合于经，则择其合经者从之。其皆不合，则以己意逆经意，而参之他经，证以成训，虽别为之说，亦无不可。必欲专守一家，无少出入，则何邵公之墨守，见伐于康成者矣。故大人之治经也，诸说并列则求其是，字有假借则改其读，盖熟于汉学之门户而不囿于汉学之藩篱者也。

以上三家之说，虽是指研究经学而言，但也是研究一切古书之基本条件。所以王念孙移以研究《史记》、《汉书》及周秦诸子，无不皆通。沉晦已久的古义得复明于今日，不能不说是乾嘉诸儒实事求是读书态度的功绩。

七、须防考据流弊

由于古与今语言事物的不同，故诵读古书于文字训诂典章制度，欲明其真实意义与状况，有时就不得不用考据的方法。但考据也必须抱着实事求是的态度，不可武断、杜撰、割裂、穿凿、破碎。犯了以上的弊病，他的考据便不可信了。盖考据只须把意义与状况了解明白为止！要严戒烦琐或孤证的流弊。

汉桓谭曾说:秦近君能说《尧典》篇目两字之谊至十余万言,但说"曰若稽古"三万言。这是烦琐考据之弊,在汉已然,秦近君所说一字也不传于后世,可知是全然无用,早被淘汰了。这类考据的为患,班固《汉书艺文志》云:

> 博学者又不思多闻缺疑之义,而务碎义逃难,便辞巧说,破坏形体,说五字之文,至于二三万言,后进弥以驰逐,故幼童而守一义,白首而后能言,安其所习,毁所不见,终以自蔽,此学者之大患也。

可谓慨乎之言,这些所谓博学者,都是碎义逃难便词巧说的自蔽者,对于学术上只有蔽患而无贡献,也由于当时统治阶级的提倡造成的情况。《汉书·儒林传赞》云:

> 自武帝设科射策,劝以官禄,迄于元始(平帝刘衎年号)百有余年,传业者浸盛,支业繁滋,一经说至百余万言,大师众至千余人,盖利禄之路也。

《后汉书·桓郁传》云:

> 初(桓)荣受朱普学章句四十万言,浮辞繁长,多过其实。及荣入授显宗,灭为二十三万言。郁复删省,定为十二万言。

可知两汉学者,被利禄所诱,遂造成此种浮辞繁长的风气。到了清代,经学号称直接两汉,然有少数著述,也同有此弊,据章炳麟《訄书·学隐篇》云:

> 若东原(戴震字)者,规摹闳远,执志故可知。当是时,知中夏黦黯不可为为之无鱼子虮蚤之势足以藉手,士皆思偷苟安禄仕久矣,则惧夫谐媚为疏附,窃仁义于侯之门者,故教之汉学,绝其恢谲异谋,使废则中权,出则朝隐,如是足矣。

第六章 读书方法

倘此言而信，则戴氏的提倡汉字，原欲使知识分子用心于此而绝其仕进之意，作消极的抵抗，故谓之学隐。又云：

> 或曰：弁冕之制，绅舄之度，今世为最微，而诸儒流沫讨论，以存其概略，是亦当务之用也。

此言盖指戴氏弟子任大椿。大椿著有《弁服释例》八卷、《深衣释例》二卷，都是详言古代衣冠制度的烦琐考据，他儒亦有类此者，于现实上本无所用，而章氏谓为当务之用者，盖亦以此为学隐，为消极的抵抗。

由此而观，汉人之蔽，为利禄所诱，清人之蔽，为学隐之计。各有其因素。今天我们读古书已认识了厚今薄古的原则，这类无用的考据，就不应该用主要力量去研究它了。

什么是孤证呢？就是凭自己的主观出发来找寻证据，偶然找到了和他主观所符合的资料，便利用它来强调自己的论点，而不顾是否能通之于其他地方，且找到的仅仅是孤单的巧合的一些而已。又很容易犯断章取义的毛病，把原文截去了上下文，只摘引它中间的一二句来歪曲了本来的意义，在表面看来很像有理由，但按之原文，却完全不合了。这样的考据，是必须特别注意避免的。

清朱一新云：王氏（念孙）必据有数证而后敢改，不失慎重之意。若徒求异前人，单文孤证，务为穿凿，则经学之蠹矣。（《无邪堂答问》卷二）。这就是说考据重在证据，证据以愈多愈好，必明于此而可通于彼，这考据才有价值。王念孙等学问的所以可贵即在此。

八、须知著书的体裁

书是载籍的总名,倘分析来说,它的名称很多,如写在木上的称版,写在竹上的称简,版又称方,简又称册或策,既在前讲版本时详之。又所谓经典者,"经"本经纬的经,因古书的文字奇偶相生,声音相协,有参互错综,藻绘成章的意义,又训为常也。法也。径也。由也。"典"据《说文》解为五帝之书,从册在丌上,尊阁之也。从前因尊重孔子,他删定的六经,尊为万世可行的常法、人人共由的途径,和古代圣王的遗书并重,故统称谓经典。后来的学者,对于经典的研究,各有撰述,而体裁各有不同,就出现了许多不同的名称。我们读古书,对于这不同的名称,有了解的必要。

源出于经学的约有二十三体。

释:释者,解也。解释文字也。主于因文解义,正名事物。《尔雅》有《释诂》至《释畜》十九篇。后来有汉刘熙的《释名》、唐陆德明的《经典释文》、宋王应麟的《通鉴地理通释》。

解:解者,判也。判解书义也。主于厘析奥义,申明故训。《礼记》有《经解篇》。后来有汉何休的《公羊解诂》、魏何晏的《论语集解》、唐裴骃的《史记集解》。

故:故者,本字作诂,诂训古言也。主于训解古言、传述大意也。《汉艺文志》有《三家诗故》。后来有汉杜林的《仓颉故》、宋戴侗的《六书故》、清黄以周的《礼书通故》。

传:传者,驲遽也。转也。传也。转传经训若驲遽也。《仪礼》

有《丧服传》，《春秋》有《三传》，后来有汉伏生的《尚书大传》，毛亨的《诗故训传》。

微：微者，隐也。细也。经指精细的幽隐难知，而释之使明显也。《春秋》有《左氏微》、《铎氏微》等。后来有清魏源的《书古微》、《诗古微》。

注：注者，俗作注。灌也。传释若水之灌注也。汉杜子春有《周官注》，郑玄有《三礼注》。后来称注的多不胜举。

笺：笺者，表识书也。以训诂为表识，传注之属也。汉郑玄有《毛诗笺》。后来有清万斯大的《礼记偶笺》、潘维城的《论语古注集笺》、徐文靖的《竹书统笺》。

义：义者，本字作谊，宜也。理也。裁断合宜之道理也。《仪礼》有《祭义》、《冠义》等篇。后来有汉许慎的《五经异义》、应劭的《风俗通义》。

义疏：义疏者，疏一作妶，通也。分理也。分理注义而疏通之也。吴陆玑有《毛诗草木鸟兽虫鱼疏》。后来有唐宋人的《十三经义疏》，宋吴仁杰的《离骚草木疏》。

申义：申义者，申本字作伸，不屈也。舒伸也。舒伸旧义，使之不见屈也。魏为郑玄学者申郑（玄）驳王（肃）。后来有晋宣舒的申袁准从母论。（见《通典》卷九十三）。

口诀义：口诀义者，诀与决通，法也。决也。以口言之法，明义决断，义疏之支别也。唐史征有《周易口诀义》。后来有宋胡瑗的《洪范口义》。

讲义：讲义者，讲，和讲也。论习也。按经论讲，与口诀义相近。齐有《永明东宫与诸王孝经讲义》，后来有宋陆佃的《周官讲义》、耿南仲的《周易新讲义》。

衍义:衍义者,衍通作演,水流行也。引也。广也。广引经义,若水之流演也。宋真德秀有《大学衍义》,后来有明夏良胜的《中庸衍义》。

说:说者,说释也。述也。叙述谈说,以言为说也。孔子有《周易说卦》。后来诸经说多不胜举。

论:论者,议也。伦也。议论有伦也。孔子弟子有《论语》。后来有汉桓宽的《盐铁论》、王符的《潜夫论》。

辨:辨者,通作辩,判别也。明辨,非争辩也。礼有《辨名礼》。后来有吴韦昭的《辨释名》、宋贾昌朝的《群经音辨》。

驳:驳者,马色不纯也。儒说违经不纯正,而以经折之也。汉郑玄有《驳五经异义》。后来有魏王肃的《毛诗义驳》。

评:评者,平也。订也。议也。校订平议也。晋孙毓有《毛诗异同评》。后来有陈邵的《周礼异同评》。

述:述者,循也。循乎古也。述其古事,主于循旧申言,不敢妄作。吴陆绩有《周易述》。后来清惠栋也有《周易述》。

叙:叙者,通作序,次第也。端绪也。述也。述书篇之意,或古或今,或人或己,而次厥端绪也。孔子有《周易序卦》、《书百篇序》。后来有子夏的《诗序》等多不胜举。

题辞:题辞者,题,额也。表识也。表识书意以为辞,若颡额之有垠鄂也。有《春秋说题》、《辞》。后来有汉赵岐的《孟子题辞》。

例:例者,比也。比类全书之科条也。有《春秋》凡例。后来有晋杜预的《春秋释例》、魏王弼的《周易略例》。

音:音者,声也。文字之声读也。魏《孙炎》有尔雅音。后来为经子史音的多不胜举。

以上二十三体，各举例来说明，其中释、解、注、笺、义、义疏、说、论、辨、评、述、叙、例、音十四体，各学都有，不限于经。可以类推。

其源出于史学的，约有十三体：一、春秋。二、记。三、志。书、意、典、录、说。四、录。实录。五、谱。牒。六、表。七、纪。八、史传。九、别传。十、自叙。自述。十一、史论。十二、考。十三、续。

其源出于诸子之学的，约有八体：一、略。二、诀。三、鉴。四、题后。后叙书后、跋。五、细草。六、原。七、难。

其源出于杂字的：约有四体：一、反。二、广。三、补。四、拟。效、字、法、仿、依、代。

以上各体，亦有彼此可互通的，要看著书的意指来采用。其他关于文章体裁，名称更多，不在本章范围之内，故从略之。

第七章　工具书使用法

一、字典和辞典的用法

　　工具书的范围很广,编印的也日出不穷,目的无非为便利学者参考,所以总是有用的。本章旨在使初学者在诵读古今书籍遇到困难时,得自己来解决问题,所以只举几种比较主要的工具书,不必罗列太多,反致迷乱。

　　使用旧式的工具书,必首先掌握部首和韵目的常识。部首就是《说文解字》的五百四十部,但并不用它的次序,而改为用笔画多少来排列。韵目就是元大德中阴时夫《韵府群玉》的一百六韵。使用新式的工具书,便需掌握王云五的四角号码检字法和燕京大学的中国字庋缬法。因为这两种方法使用的比较普遍,其说明和举例,多列在本书的前面,翻检便得。其他还有五笔检字法、七笔检字法,等等,也可作参考。

　　字典和辞典这类书,古代的《尔雅》、《说文》等,已在前面谈过,现在只举时代较近而切合实用的,作为简要的举例。

　　字典和辞典,本来很难分别。《辞源说略》:积点画以成形体,有音有义者,谓之字;用以标识事物可名可言者,谓之辞。古谓一字曰一言,字书与辞典,体用虽异,非二物也。其说最是。论理字典是以字为主体,所解释的,只限于文字的本身,对于文字所代表的物,是不注意的。辞典是解释名辞的,对于所名的物,不得不讲,所以辞典是讲名物的书。但事实上字典对于名物,不能完全置之不问,普通辞典对于文字的本身,如形、音、义等,不能略而不说。我们对于字典和辞典的分别,应该具此理解!

《康熙字典》:

清张玉书等奉敕编。共十二集,以子丑寅卯十二辰纪之。每集分上中下三卷,凡一百十九部。部首和部中各字,均依笔画多少为次序。共收四万七千零三十五字。官修的书,出自众手,限以时日,不免草率。道光中王引之作《字典考证》,已更正其引书错误二千五百八十八条。后人又列举了这部书的不少缺点,都是正确的。但在康熙时,实为集大成之作;又沿用已久,比较熟悉,故至今仍为一般所使用,它的缺处,可兼用《中华大字典》来补苴。

《中华大字典》:

欧阳溥存等编。民国四年(公元一九一五)中华书局出版。每字下先注音、次解义,分条列举,检阅较《康熙字典》为便。所收各字,除正文本字外,其籀、古、省或俗、讹等,并皆甄录。近今的方言、翻译的新字,也均收列。《康熙字典》的错误,多有订正。这是它的优点。

《辞源正续编》:

《正编》陆尔奎等编纂。商务印书馆出版。凡经学、小学、文学、哲学、宗教、教育、史地、法政、理财、军事、天文、算学、理化、动植矿物、生理卫生、医学、农工商业、美术等辞语,搜罗甚富。成语俗语，亦多收入。此书出版既久，科学名辞日增，旧有名辞亦多缺漏，因由方毅等编纂《续编》，材料更为丰富。

《辞海》：

舒新城等编。民国廿六年（公元一九三七）中华书局出版。其单字先列音切，次详解字义，次诠释词语，引书必载原书，详载篇名，采用新式标点，尤为特色。全书辞语共十万余条，排列依部首法，所收名辞术语，力求完备，实为近代最切实用的辞书。闻近正在计划增加新辞数万条，则更见美备。

《辞通》：

朱起凤编。此书以习见的辞为经，以较僻的辞为纬，引申触类，所举甚多。其所取材料，包括群籍，以经居首，史次之，子与集又次之，凡所征引，必详篇目，俾便翻检。此书重在因声求义，故以四声分类。不过同组的辞，未必同韵，依每辞首字的笔画为先后。别篇索引，附于书后，以便检查。前有检韵表。

《联绵字典》：

符定一著。此书凡各书中转语异文，悉为联系，各家解诂，细为比次。用部首法排列。前有叙例、韵部表、声纽表、部首、部首索引等，后有检字表。其搜罗材料之广，实远过于从前《骈雅》、《叠雅》等书。

《诗词曲语辞汇释》：

张相著。其书汇集唐宋金元明人诗词曲中习用之特殊词语，详引例证，解释其意义及用法。统计自单字以至短语，标目五百三十七，附目六百有余，分条八百有余。其中语辞，大半出于当时通俗的口语，自来解释，未有专书，诚为空前的创作。

按《甲骨文编》、《金文编》等，因非一般所用，故不录。

二、韵书的用法

　　审音辨韵，原是考古及研究语言的工作，不当列为工具书。然而就工具书而言，则韵书既为供作诗词检韵之用，它的性质实等于字书。后来又有依据韵目，隶以故事，虽曰类书，而仍与韵书有关。故如《佩文韵府》等亦附于末。

　　韵书之始见著录的，是魏李登的《声类》，其后晋吕静的《韵集》、沈约的《四声谱》、周颙的《四声切韵》等书，都已失传。至宋陈彭年、邱雍等奉敕撰《广韵》，是依《唐韵》重修的。《唐韵》现在仅留残卷，故韵书当以《广韵》为最古。后来宋丁度的《集韵》、毛晃的《增修礼部韵略》，平水刘渊的《壬子新韵略》，吴棫的《韵补》，司马光的《切韵指掌图》以下各书，均为考韵学源流的材料而不属于工具书范围，故不全录。

　　检查韵书，先要懂得字的平上去入四声，其次又须明了每声所属的韵目，那末按韵目查所属的字，就可查到。例如欲从《广韵》中查功字的意义，应先知道功字是属于东韵，东字是属于上平声，然后在上平一卷，即可检得东韵，依次在东韵所属各字检寻，即可查得功字和注的意义。它书均可例推。

　　《广韵》五卷：

　　宋陈彭年、邱雍等奉敕撰。是书依孙愐唐韵旧本加以重修，分部二百零六，收字二万六千一百九十四，注文十九万一千六百九十二。古代依韵排列的韵书，当以此为最古，可由此考见魏晋唐宋间的语言，对于每字的训释，也很详密，诚为极有用的韵书。

《佩文诗韵》：

清康熙时编。根据元阴时夫《韵府群玉》分一百零六部，定为应试用韵的标准。坊间所刊的《诗韵合璧》等，都依据它而附加词藻以便獭祭。

《词林正韵》：

清戈载撰。宋有《菉斐轩词韵》而未善，弋氏为词学专家，更为是书。取二百六部分为十九部，舒声十四部，入声五部。舒声再分平上去三声，入声与舒声通押者，列于每部之后，标明入声作平声、作上声、作去声。近世作词者多宗之。

《中原音韵》：

元周德清撰。此为元代的曲韵，分十九韵，东钟、江阳、支思、齐微、鱼模、皆来、真文、寒山、桓欢、先天、萧豪、歌戈、家麻、车遮、庚青、尤侯、侵寻、监咸、廉纤。入声全部分入平上去三声，平声分阴阳。

《佩文韵府》：

四百四十四卷、拾遗一百十二卷。清张玉书等奉敕撰。是书用阴时夫《韵府群玉》分一百六韵，所采资料，依末尾一字排次。每字皆先标音训，所隶之事，凡《韵府群玉》及《五车瑞所》已采的，称为韵藻，列在前面。两书所未采的，别标增字，列在后面。皆以二字、三字、四字相从，各以经史子集分先后，又别以对语、摘句附于末，搜罗极为繁富。凡遇典故文章，不知出于何处，求之即得。诚为文学的源泉、参考的宝笈。

《骈字类编》二百四十卷：

清康熙四十八年（公元一七〇九）敕撰，至雍正四年（公元一七二六)告成。《佩文韵府》以尾字为齐,此则以首字为齐,互为表里,相辅而行。学者寻检,更为方便。

三、类书的用法

自有文字,典籍日繁,吾人以有涯的年寿,何能遍读,于是类事之书,适应需要而产生。此种书籍,大抵以类相从,如钱就贯,检阅一书,而无数书的材料毕萃,既省翻寻之劳,又无时日之费,其效用的广大,非其他书籍可比。今所举的,尤以可供一般事物的掌故事实和检查文章词藻之用为目的。

自魏文帝命王象等撰集经传,随类相从,合四十余部,部分数十篇,通合八百余万字,称为《皇览》。此为最早之类书,惜已失传。至唐而欧阳询的《艺文类聚》、虞世南的《北堂书钞》、徐坚的《初学记》、白居易的《白六帖》,其书均存。而宋代四大书中的《太平御览》、《太平广记》、《册府元龟》三种均属类书,已见前纂述章。明代类书更多,除《永乐大典》外,大抵割裂杜撰,未可尽信,只供场屋之用而已。至清代编纂辑,既综合前代积累的材料,从事者又比较负责,可谓后来居上。故就工具书而言,不必远求唐宋,而以清代为适用。

类书皆以事物分部,而愈分愈详,于用者亦愈为便利。如《艺文类聚》分四十七部,每部各分子目。《太平御览》分五十五部,每部亦各分子目。《册府元龟》分三十一部,而子目多至一千一百四门,可谓详矣。所以使用类书,先要知道该类书的类目,并须知道所查的事件,是属于何类何目,始易查得。好在每书的首册都有总目及分目可先查。如能在每册书面注明何部何目,并及卷次。书根亦然,则不难入手了然了。

《渊鉴类函》四百五十卷:清张英等奉敕撰。是书以明俞安期《唐类函》为本,增补材料至明嘉靖时止。其所采辑,除《唐类函》所载《艺文类聚》、《初学记》诸书外,并采《太平御览》、《玉海》等类书十七种,又旁及二十一史、子集稗编等。其排比凡《唐类函》原有的以原字分别,续增的以增字分别,每类中次序,大抵为释名、总类、沿革、缘起、典故、对偶、摘句等,皆注明出处,可供词章考据之用。

《古今图书集成》一万卷:详前纂述章。

《佩文韵府》四百四十四卷:拾遗一百十二卷;见前。

《骈字类编》二百四十卷:见前。

《子史精华》一百六十卷:清玄烨敕修。以子史最为浩博,寒门艰于购求,于是摘录精华,以成此编。分三十类,子目二百八十,凡名言隽句,采掇靡遗了。

《史姓韵编》六十四卷:清汪辉祖撰。是书合廿四史列传附传之人,标姓汇录,依韵编次,以资寻览。商务印书馆的《人名大字典》,即据此而更扩大之,极便于使用。近人庄鼎彝的《两汉不列传人名韵编》、王祖彝的《三国志人名录》,则专治一史,更为精密。

《疑年录汇编》十六卷:近人张惟骧辑。此书以钱竹汀、吴子修、钱潎芗、陆刚父、张公束、闵葆之各家之书而合编之,又增补其所未及。近人梁廷灿、姜亮夫亦有新辑,可备参考。

《通俗编》三十八卷:清翟灏编;是书遍采经史百家,至小说词曲,以证所传俗语,悉有根据,浩博详尽,古所未有。分类三十八,自天文、地理以及杂字、故事而以识余修之。

四、目录书的用法

目录的价值和类别,已在前章目录学详之。如各史艺文志和公私藏书目,或有目无书;或重在版本,大都为专门研究者的需要,而不得谓是初学的工具书。初学的工具书,可分两类:一是有指导性的目录;一是容易见到原书的目录。都以切合当前实用为主要。

什么是有指导性的目录呢?它是说明书的内容,评定书的价值,就是使读者在浩如烟海的书籍里,知晓那些书是应该先读的,那些书是属于次要的,因此可以省却不少时间和精力,也不致多走弯路。例如《四库全书提要》、《书目答问》等属之。

什么是容易见到原书的目录呢?因为我们需要什么书,就要得它使用,不能等待;旧刻名钞,往往孤本流传,秘藏在私家,无从见到。所以应该重视地方图书馆和学校图书馆的目录,即使书店的目录,也有参考的必要。例如《江苏国学图书馆书目》、《复旦大学古籍简目》等属之。

查阅目录,必须掌握四部分类的常识,即是经史子集四部及每部所分的子目,虽各目所分部目有详有略;大致根据《四库全书》的部目,不至有多大出入。而尤以子史两部多有类似的,最宜留心。此事只有平日常常把目录书翻阅,以资熟练,自然不觉困难。

近出的专门性目录,如戏曲、小说、弹词、宝卷等,为旧时目录所不取或轻视的,在今天都是文学史上可贵的资料,而所据大都是其书现在可以看到的,也必须注意。

《四库全书简明目录》二十二卷：清修《四库全书提要》二百四卷，虽存在着不少缺点，但大体还是一部有价值的大著作。但卷帙太多，当时便考虑到读者不易终卷，因再别编此《简明目录》，更简单扼要地把各书的内容介绍给读者。先读了此书，再读《提要》，便不觉繁难了。

《书目答问》：清张之洞撰。此书为目录学家缪荃孙代作，是一部介绍应读之书比较好的目录。每部类把主要的书名顶格，次要的低一格，每书下注明通行较善的版本，意在使人容易买到。当然由于时代的限制，尚存在不少缺点，但基本上还是有益于初学的。

《经子解题》：吕思勉撰。商务印书馆出版。此书提出经子重要书若干种，每种先说明它的内容，又把每篇的主题思想作分析，阅者一览了然。从前只有一书的提要，而此为一书中每篇的提要，于学者尤便。

《江苏国学图书馆目录》：此为南京国学图书馆藏书的全部目录，内容极为丰富，在现行目录中，尚无超过它的。它的特点有二：一为不同版本刻的重复本，一一罗列；一为丛书都分散案类并入，于查阅更便。

《全国总书目》：新华书店总店编印，一九五五年出版。此为一九四九年至一九五四年，全国公私出版社及团体、个人出版的由新华书店发行经售的图书总目录，其中也包括苏联出版的中文书。后附有索引。中央人民政府出版总署自一九五〇年起，每年都编印全国新书目发行，亦当参考。

《上海市历史文献图书馆藏书目录》：该馆藏书极富，此为前南洋中学校长王培孙捐献该馆遗书的专目，中多罕见之书，借阅极便。其他部分目录,闻在续编中。

《复旦大学图书馆古籍简目初稿》:此为本校图书馆所藏线装书目录,已印经部一册,史部三册。其子集两部亦已编成,都可按目借阅。

《复旦大学中文系各课阅读书目提要》:此为本系语言、文学、文学理论三教研组合编,为指导阅读参考书之用。

华东师范大学图书馆,亦印有目录。上海图书馆藏书最富,惜普通书目录尚未印出。古籍书店每月印有目录,可备参考。

五、图、表、谱的用法

古者左图右史,故历代关于图的书籍很多,如《三礼图》为明典制之书,《宣和博古图》为考古物之书,《中国植物图鉴》为详植物之书,其种类不胜举,而尤以地图为重要。自晋裴秀制《禹贡地域图》十八篇,为地图之始,唐贾耽制《华夷图》,兼及域外,今两家之图,虽已失传,而后之作者,率承其法而弥精,读史者更不可不用为作参考。

《历代舆地沿革险要图》:清杨守敬制。杨氏为有名的史学家,研究地理工夫很深,此图于地理的沿革险要、考证详确,分订二十四册,用木刻朱墨套印,则限于当时的技术,不能如后来影印的清晰。

《中国历史地图集》(古代史部分):顾颉刚等制。大概据杨图而加精。杨图今不易得,且书品阔大,亦不如此本的便于阅读。一九五五年地图出版社出版。

自司马迁用周谱的旁行斜上法,创制三代年表,十二诸侯年表等列入史记,而表之用遂大。其后各史,莫不沿其体,而或变其用。表之种类,约有历史表、各学科的表解、统计表、调查表、对照表五项,就工具书而言,以历史表、对照表两类为要。

《历代职官表》六十三卷:清纪昀等奉敕编。此书于历代职官,包括古今,贯串始末,旁行斜上。援古证今,经纬分明。凡读史于官制、地理,最为烦琐,得此书与杨图,均可了然了。

《二十史朔闰表》:陈垣撰。古代历法,屡有变易。纪述年月日,率用干支。读史者易致迷惘,此书列表分明,翻检易得。

《近世中西史日对照表》:郑鹤声著。

《中国大事年表》:陈庆麒编。此书起于黄帝,止于民国二十一年(公元一九三二),载中国历年大事。商务印书馆出版。

四库子部谱录类有器物之属、食谱之属、草木禽鱼之属,而史部传记类尤多收名人年谱。年谱之作,后来更多,则以知人论世,对于研究历史的关系为大。今约举如下:

《廿一史四谱》:清沈炳震撰。内分"纪元谱"、"封爵谱"、"宰执谱"、"谥法谱",自汉及元、历代重要大事,均列各谱中。

《历代名人年谱》:清吴荣光编。纪历代名人生卒年岁与历朝大事,与前列张惟骧疑年录汇编同一性质。

《中国历史纪年》:荣孟源编。此书共分三编,第一编为"历代建元谱"。第二编为"历代纪年表"。第三编为"年号通检"。检查极便,一九五七年三联书店出版,购备亦易。

《词律》二十卷:清万树撰。此书在词谱中最称完善,每调断句注韵,并附应用四声符号,考证极详密。如初学亦可用《白香词谱》。

《钦定曲谱》四十卷:清玄烨敕撰。首诸家论说及九宫谱定论一卷,次北曲谱四卷,次南曲谱八卷,次失宫犯调诸曲一卷。北曲南曲各以宫调提纲,其曲文每内注句字,每韵注韵字、每字注四声于旁、于入声字或宜作平作上作去者,皆一一详注,于旧谱讹字,亦一一辨证附于后。

六、索引(引得)的用法

我国数千年来丰富的文化遗产,寄托在浩如烟海的书本中。我们既不可能就各书一一尽读,又没法把所读的书一一尽记;在今天的教学方法,又不如从前熟读死背。那么要查考各书的内容;或某字或某句在某书中第几章第几节;或某篇论文,在某杂志第几卷第几期,就需要一种便于检查的方法,由此产生了现在的索引(引得)一类的工具书。

清代章学诚所著的《校雠通义》论校雠之所藉:"以为宜取四库之藏,中外之籍,择其中人名、地名、书目及一切有名可治者,悉编为韵,于其下注明原书出处,以为群书之总类、有疑时则因韵可以检得。"他的用意,和现在的索引(引得)方法约略相同。至于《佩文韵府》以韵索书,颇与索引(引得)相近,但是类例不精,应用不广。汪辉祖所编的《史姓韵编》,合二十四史中记载的人物,标姓汇录,更一一注明原史卷第,这种方法,才与索引(引得)相似。可惜作者不多。

索引的名辞，是日本人从英文 Index 一字翻译出来的，我国人沿用日译，也有译作引得的，此外又有通检、备检等名称，其性质都同。

索引（引得）的种类和效用：

一、书籍索引：或附在本书的后面，或单独成书。编制格式，稍有不同。而其符号则名称之后，有注明卷数页数的。有只注页数的。有只注节数的。其范围则分普通专门二种：普通的所收材料，只限于本书内；专门的是定一中心题目，把许多材料集中起来。

二、杂志索引：杂志篇名的索引，附载于每卷之后，或在下一卷第一期之前。又有不专就某一种杂志而编的，也分普通专门二种：普通的内容不限一种学科或一种杂志，如中山文化教育馆所出的《期刊索引》等；专门的是定一中心题目，仅限于一种学科而不限一种杂志，如中国科学院（一九五七）的《中国史学论文索引》等。

三、日报索引：将报上的重要材料，分门别类，用标题依照检字法排列。也分普通专门二种：普通的是搜罗多种日报；专门的是定一中心题目，和上两类同。

以上三种索引的效用，既可节约搜寻的时间；又可掌握丰富的资料，对于作科学研究来说，是极为重要的工具书！

索引的排列法：有依分类排列的，如中华图书馆协会的《文学论文索引前编》，全书分上中下三编：上编为总论；中编为分论，分诗歌、戏曲、小说等；下编为文学家评传。有依笔画排列的，如叶绍钧的《十三经索引》，照笔划多少为次序，凡首字画数相同的条目、其首条第二字旁附注阿拉伯字数，示该条首字的画数，次条第二字画数同的，不再标明。有依新检字法排列的，如燕京大学所编印的各种引得，系用皮缬法排列的。至于一般索引，为节省地位起见，常用缩写字或代替字，如"廿五史人名索引"中的"武灵王（赵）史 43.0151.4"。是表明武灵王是赵国人，在史记四十三卷中，在廿五史总页数第一五一页第四栏。又如《八十九种明代传记综合引得》中的"杨文琮 36/12/17b"，36 是代表《南疆逸史摭遗》，12 是十二卷，17 是十七页，b 字代表后半页。以上各种简写，在本书前均有说明，当先注意。

近年出版的书籍，往往附有索引，多用四角号码检字法。其他各种普通与专门的索引单行本，也源源不绝地编出。例如杨殿珣编的《石刻题跋索引》，收书一百三十七种，全书一百五十三万字，只限于石刻一门专题，已有这样丰富的资料，如果推广到其他专题，都有人编成索引，便是最伟大的文化宝库。由于索引的价值和需要，以后一定有大发展的前途，因为它是适合于文化革命多快好省的原则的！

附　文献学参考资料

淳熙重修文书式

圣祖名

玄_{胡涓切} 悬 县 駫 玹 縣 䪦 伭 昀 羿 泫 呟 胘 眩 䀎 詨 䖆 狊 妶 狥 瓗 朗_{卢党切} 俍 崀 樃 食 朖 悢 睙 烺 䂦 晚 㽕 朤 硠 狼 筤 俍 阆 浪 埌

庙讳

太祖

匡_{去王切} 筐 邼 眶 劻 洭 軭 䞄 蚯 崖 軭 頣 眶 框 䦲 䏨 迋 軠 胤_{羊晋切} 酳 靷 蠺 引 朘 鈏 䩐 酳 靽 㳫 演 䩯 戭 又 枃 螾 挋

太宗

炅_{古回切} 煦 烔 饲 熞 泂 颎 耿 昺 鼻 蜗 颎 吞 盈 局 憬 畾

真宗

恒_{胡登切} 峘 姮 佷 桓

仁宗

祯_{陟盈切} 桢 贞 郮 嫃 徵 祊 癥 浈 陑 寅

扔 礽

英宗

曙常恕切 署 抒 睹 藷 薯 澍 嬸

樹殊遇切 尌 鬳 侸 㮙 竖 尌 侸 偳 蹾 壴

芀 襡 澍 賭 属 睰

神宗

頊呼玉切 旭 勖 朐 顗 髄 珛 㣈

哲宗

煦吁句切 昫 朐 酗 酌 姁 呴 欨 伵 怷 呕 蚼

昷 逹

徽宗

佶极乞切 姞 郅 赽 狤 鮚 刏 佴 苆 趌 吉其吉切

咭

钦宗

桓胡官切 梡 瓛 捖 完 丸 㐮 䦆 寏 院 峘亦作岏

岏亦作峘 皖 洹 絙 纨 綄 垸 芄 萑 莞 貆

萱 萑 萑 崔 鸛 鳱 莧 羦 羦 㹊 麌 鳱 狟

粨 狟 絙 㩒 皖 垣 鼀 貆 皖 蕿

高宗

構古侯切 遘 媾 觏 购 嗝 寠 磝 煹 傋 冓 薅

篝 韝 窶 姤 诟 逅 骺 賄 吼 鵁 句 鞲 怐

佝 雊 駒 鈎 詢 袧 峋 瓯 珣 毂 殻 毂

毂 撗 毇 毇 毇 弇 毇 毇 惚 鵁 購 夠 毇

毇 碩 䁲 袳 雿

孝宗

脊时认切 慎 脊 蜃 孖 蜄 蚓 欣 铩

光宗

惇都昆切 敦 犉 饕 墩 頓 藂 驐 礅 埻 鷻 䒞
  䟤 郭 裴 鹑 蜳 蟓 錞 鐏 犉 撉 撉

宁宗

擴阔镬切 廓 郭 庼 嵦 霩 鞟 鞹 黋 𤍞 劀 劚
  塴 瓘 瓘 瑾 瑭 琊

旧讳

光义 匡乂 德昌 元休 元侃 受益 宗实 仲鍼 佣
亶 烜 伯琮 瑗 瑾

今上皇帝御名

昀俞偷切 匀 昀 驯 麵 沟 巡尚书巡守徐邈读 砏

御旧名

贵诚

绍熙重修文书令

　　诸犯圣祖名、庙讳、旧讳旧讳内贰字者连用为犯，若文虽连而意不相属者非、御名改避余字谓式所有者有他音谓如角徵之类，及经传子史有两音者许通用。谓如"金作赎刑"，其赎作石欲切之类。

　　正字皆避之，若书籍及传录旧事者为字不成，御名易以他字。

　　诸犯濮安懿王讳者改避，若书籍及传录旧事者皆为字不成，其在真宗皇帝谥号内者不避，应奏者以黄纸覆之。

　　诸文书不得指斥援引黄帝名，经史书旧文则不避。如用从车从干，冠以帝字，或继以后字，合行回避；自余如轩冕、轩轾、轩辕、车辕之类即不合回避。

明　　讳

陈垣曰：万历以后，避讳之法稍密。故明季刻本书籍，常多作甞，洛多作雒，校多作较，由字亦有缺末笔者。

帝号	名讳	举例
光宗	常洛	常作甞　洛作雒
熹宗	由校	校作较
毅宗	由捡	捡作简

清　讳

帝号	名讳	举例
世祖	福临	
圣祖	玄烨	以元煜字代
世宗	胤禛	胤以允字代，禛以祯字代
高宗	弘历	以宏历字代
仁宗	颙琰	
宣宗	旻宁	宁以甯代
文宗	奕詝	
穆宗	载淳	淳写作湻
德宗	载湉	
末帝	溥仪	

通志·校雠略
（郑　樵）

秦不绝儒学论二篇

陆贾秦之巨儒也。郦食其秦文儒生也。叔孙通秦时以文学召待诏博士数岁。陈胜起。二世召博士诸儒生三十余而问其故，皆引春秋之义以对。是则秦时未尝不用儒生与经学也。况叔孙通降汉时。自有弟子百余人。齐鲁之风。亦未尝替。故项羽既亡之后。而鲁为守节礼义之国。则知秦时未尝废儒。而始王所阬者。盖一时议论不合者耳。

萧何入咸阳。收秦律令图书。则秦亦未尝无书籍也。其所焚者。一时间事耳。后世不明经者。皆归之秦火。使学者不睹全书。未免乎疑以传疑。然则《易》固为全书矣。何尝见后世有明全《易》之人哉。臣向谓秦人焚书而书存。诸儒穷经而经绝。盖为此发也。

《诗》有六亡篇。乃六笙诗本无辞。《书》有逸篇，仲尼之时已无矣。皆不因秦火。自汉以来书籍。至于今日。百不存一二。非秦人亡之也。学者自亡之耳。

编次必谨类例论六篇

学之不专者。为书之不明也。书之不明者。为类例之不分也。有专门之书。则有专门之学。有专门之学，则有世守之能。人守其学。学守其书。书守其类。人有存没。而学不息。世有变故。而书不亡。以今之书。校古之书。百无一存。其故何者。士卒之亡者。由部伍之法不明也。书籍之亡者。由类例之法不分也。类例分。则百家九流。各有条例。虽亡而不能亡也。巫医之学。亦经存没。而学不息。释老之书。亦经变故。而书常存。观汉之易书甚多。今不传。惟卜筮之易传。法家之书亦多。今不传。惟释老之书传。彼异端之学。能全其书者。专之谓矣。

十二野者。所以分天之纲。即十二野不可以明天。九州者。所以分地之纪。即九州不可以明地。《七略》者。所以分书之次。即《七略》不可以明书。欲明天者。在于明推步。欲明地者。在于明远迩。欲明书者。在于明类例。噫。类例不明。图书失纪。有自来矣。臣于是总古今有无之书。为之区别。凡十二类。经类第一。礼类第二。乐类第三。小学类第四。史类第五。诸子类第六。星数类第七。五行类第八。艺术类第九。医方类第十。类书类第十一。文类第十二。经一类分九家。九家有八十八种书。以八十八种书而总为九种书可乎。礼一类分七家。七家有五十四种书。以五十四种书而总为七种书可乎。乐一类为一家。书十一种。小学一类为一家。书八种。史一类分十三家。十三家为书九十种。朝代之书。则以朝代分。非朝代书。则以类聚分。诸子一类。分十一家。其八家为书八种。道释共三家书差多。为四十种。星数一类分三家。三家为书十五种。五行一类分三十家。三十家为书三十三种。艺术一类为一家。书十七种。医方一类为一家。书二十六种。类书一类为一家。分上下二种。文类一类分二家。二十二种。别集一家为十九种。书余二十一家。二十一种书而已。总十二类。百家四百二十二种。朱紫分矣。散四百二十二种书。可以穷百家之学。敛百家之学。可以明十二类之所归。

《易》本一类也。以数不可合于图。图不可合于音。谶纬不可合于传注。故分为十六种。《诗》本一类也。以图不可合于音。音不可合于谱。名物不可合于诂训。故分为十二种。《礼》虽一类。而有七种。以《仪礼》杂于《周序》可乎。《春秋》虽一类。而有士家。以啖赵杂于《公》、《穀》可乎。乐虽主于音声，而歌曲与管弦异事。小学虽主于文字。而字书与韵书背驰。编年一家而有先后。文集一家而有合离。日月星辰。岂可与风云气候。同为天文之学。三命元辰。岂可与九宫太一。同为五行之书。以此观之。《七略》所分。自为苟简。四库所部。无乃荒唐。

类书犹持军也。若有条理。虽多而治。若无条理。虽寡而纷。类例不患其多也。患处多之无术耳。

今所纪者。欲以纪百代之有无。然汉晋之书。最为希阔故稍略。隋唐之书。于今为近。故差详。崇文四库及民间之藏。乃近代之书。所当一一载也。

类例既分。学术自明。以其先后本末具在。观图谱者。可以知图谱之所始。观名数者。可以知名数之相承。谶纬之学。盛于东都。音韵之书。传于江左。传注起于汉魏。义疏成于隋唐。睹其书可以知其学之源流。或旧无其书而有其学者。是为新出之学。非古道也。

编次必记亡书论三篇

古人编书。皆记其亡阙。所以仲尼定书。逸篇莫载。王俭作《七志》已。又条刘氏《七略》。及二汉《艺文志》。魏《中经簿》所阙之书为一者。阮孝绪作《七录》已。亦条刘氏《七略》及班固《汉志》。袁山松《后汉志》。魏《中经》。晋四部所亡之书为一录。隋朝又记梁之亡书。自唐以前。书籍之富者。为亡阙之书有所系。故可以本所系而求所以。书或亡于前。而备于后。不出于彼。而出于此。及唐人收书。只记其有。不记其无。是致后人失其名系。所以崇文四库之书。比于隋唐。亡书甚多。而古书之亡尤甚焉。

古人亡书有记。故本所记而求之。魏人求书。有《阙目录》一卷。唐人求书。有《搜访图书目》一卷。所以得书之多也。阙下诏并书目一卷。惜乎行之不远。一卷之目。亦无传焉。臣今所作群书会纪。不惟篇别类例。亦所以广古今而无遗也。

古人编书。必究本末。上有源流。下有沿袭。故学者亦易学。求者亦易求。谓如隋人于历一家。最为详明。凡作历者几人。或先或后。有因有革。存则俱存。亡则俱亡。唐人不能记亡书。然犹纪当代作者之先后。必使具在而后已。及崇文四库。有则书。无则否。不惟古书难求。虽今代宪章亦不备。

书有名亡实不亡论一篇

书有亡者。有虽亡而不亡者。有不可以不求者。有不可求者。文言略例虽亡。而《周易》具在。汉魏吴晋鼓吹曲虽亡。而乐府具在。《三礼目录》虽亡。可取诸三《礼》。《十三代史目录》虽亡。可取诸十三代史。常鼎宝《文选著作人名目录》虽亡。可取诸《文选》。孙玉汝《唐列圣实录》虽亡。可取诸《唐实录》。《开元礼目录》虽亡。可取诸《开元礼》。《名医别录》虽亡。陶隐居已收入《本草》。李氏《本草》虽亡。唐慎微已收入《证类》。《春秋括甲子》虽亡。不过起隐公至哀公甲子耳。韦嘉《年号录》虽亡。不过起汉后元至唐中和年号耳。续唐历虽亡。不过起续柳芳所作至唐之末年。亦犹有《续通典》。续杜佑所作至宋初也。《毛诗虫鱼草木图》。盖本陆玑《疏》而为图。今虽亡。有陆玑《疏》在。则其图可图也。《尔雅图》。盖本郭璞注而为图。今虽亡。有郭璞注在。则其图可图也。张频《礼粹》。出于崔灵恩《三礼义宗》。有崔灵恩《三礼义宗》。则张频《礼粹》为不亡。《五服志》出于《开元礼》。有《开元礼》。则《五服志》为不亡。有杜预《春秋公子谱》。无顾启期《大夫谱》可也。有《洪范五行传》。无《春秋灾异应录》可也。丁副《春秋三传同异字》。可见于杜预《释例》。陆淳《纂例》。京相璠《春秋土地名》。可见于杜预《地名谱》。桑钦《水经》。李腾《说文字源》。不离《说文》。《经典分毫正字》。不离《佩觿》。李舟《切韵》。乃取《说文》而分声。天宝《切韵》。即《开元文字》而为韵。《内外转归字图》、《内外传钤指归图》、《切韵枢》之类。无不见于

《韵海镜源》。书评书论书品书诀之类。无不见于《法书苑墨薮》。唐人小说。多见于《语林》。近代不说。多见于《集说》。《天文横图》《圆图》《分野图》《紫微图》《象度图》。但一图可该。《大象赋》、《小象赋》、《周髀星述》、《四七长短经》、《刘石甘巫占》。但一书可备。《开元占经》、《象应验录》之类。即《古今通占鉴》、《乾象新书》可以见矣。李氏《本草拾遗》、《删繁本草》徐之才《药封》、《南海药谱》《药林》《药论》《药忌》之书。《证类本草》收之矣。《肘后方》。《鬼遗方》。《独行方》。《一致方》及诸古方之书。《外台秘要》、《太平圣惠方》中尽收之矣。纪元之书。亡者甚多。不过《纪运图》、《历代图》可见其略。编年纪事之书。亡者甚多。不过《通历》、《帝王历数图》可见其略。凡此之类。名虽亡而实不亡者也。

编次失书论五篇

书之易亡。亦有校雠之人失职故也。盖编次之时。失其名帙。名帙既失。书安得不亡也。按《唐志》于天文类。有星书。无日月风云气候之书。岂有唐朝而无风云气候之书乎。编次之时失之矣。按《崇文目》有风云气候书。无日月之书。岂有宋朝而无日月之书乎。编次之时失之矣。《四库书目》。并无此等书。而以星禽洞微之书。列于天文。且星禽洞微。五行之书也。何与天文。射覆一家。于汉有之。世有其书。《唐志》、《崇文目》并无。何也。

轨革一家。其来旧矣。世有其书。《唐志》、《崇文目》并无。《四库》始收入五行类。医方类自有炮炙一家书。而隋唐二《志》并无。何也。

人伦之书极多。《唐志》只有袁天纲七卷而已。婚书极多。《唐志》只有一部。《崇文》只有一卷而已。《四库》全不收。

见名不见书论二篇

编书之家。多是苟且。有见名不见书者。有看前不看后者。《尉缭子》兵书也。班固以为诸子类。置于杂家。此之谓见名不见书。隋唐因之。至崇文目始入兵书类。颜师古作《刊谬正俗》。乃杂记经史。惟第一篇说《论语》。而《崇文目》以为论语类。此之谓看前不看后。应知《崇文》所释。不看全书。多只看帙前数行。率意以释之耳。（按《刊谬正俗》当入经解类）

按《汉朝驳议》。《诸王奏事》。《魏臣奏事》。《魏台诏议》。《南台奏事》之类。隋人编入刑法者。以隋人见其书也。若不见其书。即其名以求之。安得有刑法意乎。按《唐志》见其名为奏事。直以为故事也。编入故事类。况古之所谓故事者。即汉之章程也。异乎近人所谓故事者矣。是之谓见名不见书。按《周易参同契》三卷。《周易五相类》一卷。炉火之书也。唐志以其取名于周易。则以为卜筮之书。故入《周易》卜筮类。此亦谓见名不见书。

收书之多论一篇

臣尝见乡人方氏望壶楼书籍颇多。闻其家。乃云。先人守无为军日。就一道士传之。尚不能尽其书也。如唐人文集无不备。又尝见浮屠慧邃收古人简牍。宋朝自开国至崇观间。凡是名臣及高僧笔迹无不备。以一道士能备一唐朝之文集。以一僧能备一宋朝之笔迹。况于堂堂天府。而不能尽天下之图书乎。患不求耳。然观国家面曰文物全盛之时。犹有遗书民间所有。秘府所无者甚多。是求之道未至耳。

阙书备于后世论一篇

古之书籍。有不足于前朝而足于后世者。观《唐志》所得旧书。尽梁书卷帙。而多于隋。盖梁书至隋所失已多。而卷帙不全者又多。唐人按王俭《七志》，阮孝绪《七录》搜访图书。所以卷帙多于隋。而复有多于梁者。如《陶潜集》。梁有五卷。隋有九卷。唐乃有廿卷。诸书如此者甚多。孰谓前代亡书不可备于后代乎。

亡书出于后世论一篇

古之书籍。有不出于当时而出于后代者。按萧何律令。张苍章程。汉之大典也。刘氏《七略》。班固《汉志》全不收。按晋之故事。即汉章程也。有《汉朝驳议》三十卷。《汉名臣奏议》三十卷。并为章程之书。至隋唐犹存。奈何阙于汉乎。刑统之书。本于萧何律令。历代增修。不失故典。岂可阙于当时乎。又况兵家一类。任宏所编。有韩信《军法》三篇。《广武》一篇。岂有韩信《军法》犹在。而萧何律令。张苍章程则无之。此刘氏班氏之过也。孔安国《舜典》不出于汉。而出于晋。《连山》之《易》。不出于隋。而出于唐。应知书籍之亡者。皆校雠之官失职矣。

亡书出于民间论一篇

古之书籍。有上代所无。而出于今民间者。《古文尚书音》。唐世与宋朝并无。今出于漳州之吴氏。陆机《正训》。隋唐二《志》并无。今出于荆州之田氏。《三坟》自是一种古书。至熙丰间始出于野堂村校。按漳州吴氏《书目》。算术一家有数件古书。皆三馆四库所无者。臣已收入求书类矣。又《师春》二卷。甘氏《星经》二卷。《汉官典仪》十卷。京房《易钞》一卷。今世之所传者。皆出吴氏。应知古书散落人间者。可胜计哉。求之之道未至耳。

求书遣使校书久任论一篇

求书之官。不可不遣。校书之任。不可不专。汉除挟书之律。开献书之路久矣。至成帝时。遣谒者陈农。求遗书于天下。遂有《七略》之藏。隋开皇间。奇章公请分遣使人。搜访异本。后嘉则殿藏书三十七万卷，禄山之变。尺简无存。乃命苗发等使江淮搜访。至文宗朝。遂有十二库之书。唐之季年。犹遣监察御史诸道搜求遗书。知古人求书欲广。必遣官焉。然后山林薮泽可以无遗。司马迁世为史官。刘向父子校雠天禄。虞世南。颜师古相继为秘书监。令狐德棻三朝当修史之任。孔颖达一生不离学校之官。欲图书之备。文物之兴。则校雠之官。岂可不欠其任哉。

求书之道有八论九篇

求书之道有八。一曰即类以求。二曰旁类以求。三曰因地以求。四曰因家以求。五曰求之公。六曰求之私。七曰因人以求。八曰因代以求。当不一于所求也。

凡星历之书。求之灵台郎。乐律之书。求之太常乐工。灵台所无。然后访民间之知星历者。太常所无。然后访民间之知音律者。眼目之方多。眼科家或有之。疽疡之方多。外医家或有之。紫堂之书多亡。世有传紫堂之学者。九曜之书多亡。世有传九星之学者。《列仙传》之类。《道藏》可求。此之谓即类以求。

凡性命道德之书。可以求之道家。小学文字之书。可以求之释氏。如《素履子》《元真子》《尹子》《鹖子》之类。道家皆有。如《仓颉篇》《龙龛手鉴》郭迻《音诀图字母》之类。释氏皆有。《周易》之书。多藏于卜筮家。《洪范》之书。多藏于五行家。且如邢璹《周易略例正义》。今《道藏》有之。京房《周易飞伏例》。卜筮家有之。此之谓旁类以求。

《孟少主实录》。蜀中必有。《王审知传》。闽中必有。《零陵先贤传》。零陵必有。《桂阳先贤赞》。桂阳必有。《京口记》者。

润州记也。《东阳记》者。婺州记也。《茅山记》必见于茅山观。《神光圣迹》必见于神光寺。如此之类。可因地以求。

《钱氏庆系图》。可求于忠懿王之家。《章氏家谱》。可求于申公之后。黄君俞尚书《关言》虽亡。君俞之家在兴化。王棐《春秋讲义》虽亡。棐之家在临漳。徐寅《文赋》。今莆田有之。以其家在莆田。潘佑文集。今长乐有之。以其后居长乐。如此之类。可因家以求。

礼仪之书。祠祀之书。断狱之书。官制之书。版图之书。今官府有不经兵火处。其书必有存者。此谓求之公。

书不存于秘府。而出于民间者甚多。如漳州吴氏。其家甚微。其官甚卑。然一生文字间。至老不休。故所得之书。多蓬山所无者。兼藏书之家。例有两目录。所以示人者。未尝载异书。若非与人尽诚尽礼。彼肯出其所秘乎。此谓求之私。

乡人李氏曾守和州。其家或有沈氏之书。前年所进褚方回《清慎帖》。蒙赐百匹两。此则沈家旧物也。乡人陈氏尝谓湖北监司。其家或有田氏之书。臣尝见其有荆州《田氏目录》。若迹其官守。知所由来。容或有焉。此谓因人以求。

胡旦作《演圣通论》。余靖作《三史刊误》。此等书卷帙虽多。然流行于一时。实近代之所作。书之难求者。为其久远而不可迹也。若出近代人之手。何不可求之有。此谓因代而求。

编次之讹论十五篇

《隋志》所类。无不当理。然亦有错收者。谥法三部。已见经解类矣。而汝南君《谥仪》。又见仪注何也。后人更不考其错误。而复因之。按《唐志》经解类。已有谥法。复于仪注类出《魏晋谥仪》。盖本《隋志》。

一类之书。当集在一处。不可有所闻也。按《唐志》。谥法见于经解。一类而分为两处。置《四库书目》以入礼类。亦分为两也。

唐志于仪注类中有王玺国宝之书矣。而于传记类中。复出此二书。《四库书目》既立命书类。而三命五命之书。复入五行卜筮类。

遁甲一种书耳。《四库书目》分而为四类。兵书见之。五行卜筮又见之。壬课又见之。命书又见之。既立壬课类。则遁甲书当隶壬课类中。

月令乃礼家之一类。以其书之多。故为专类。不知《四库书目》如何见于礼类。又见于兵家。又见于农家。又见于月鉴。按此宜在岁时类。

《太元经》以讳故。《崇文》改为《太真》。今《四库书目》分《太元》、《太真》为两家书。

货泉之书。农家类也。《唐志》以顾烜《钱谱》列于农。至于封演《钱谱》又列于小说家。此何义哉。亦恐是误耳。《崇文》、《四库》因之。并以货泉为小说家书。正犹班固以《太元》为扬雄所作。而列于儒家。后人因之。遂以《太元》一家之书。为儒家类。是故君子重始作。若始作之讹。则后人不复能反正也。

有历学。有算学。《隋志》以历数为主。而附以算法。虽不别条。自成两类。后人始分历数为两家。不知《唐志》如何以历与算二种之书相滥为一。虽曰历算同归乎数。各自名家。

李延寿《南北史》。《唐志》类于集史星。《崇文》类于杂史非。

《吴纪》九卷。《唐志》类于编年是。《隋志》类于正史非。《海宇乱离志》。《唐志》类于杂史是。《隋志》类于编年非。

《唐艺文志》与《崇文总目》。既以外丹煅法为道家书矣。奈何《艺文志》又于医术中见《太清神丹经》诸丹药数条。《崇文》又于医书中见《伏火丹砂》、《通元秘诀》数条。大抵炉火与服饵两种。向来道家与医家什出。不独《艺文》与《崇文》。虽《隋志》亦如此。臣今分为两类。列于道家。庶无杂糅。

岁时自一家书。如《岁时广记》百十二卷。《崇文总目》不列于岁时。而列于类书。何也。类书也。谓总众类不可分也。若可分之书。当入别类。且如天文有类书。自当列天文类。职官有类书。自当列职官类。岂可以为类书而总入类书类乎。

谏疏时政论与君臣之事。隋唐《志》并入杂家。臣今析出。按此当入儒家。大抵隋唐《志》于儒杂二家不分。

古今编书所不能分者五。一曰传记。二曰杂家。三曰小说。四曰什史。五曰故事。凡此五类之书。足相紊乱。又如文史与诗话亦能相滥。

凡编书每一类成。必计卷帙于其后。如何《唐志》于集史计卷。而正史不计卷。实录与诏令计卷。而起居注不计卷。凡书计卷帙皆有空别。《唐志》无空别，名为抄写所移。

《隋志》最可信。缘分类不考。故亦有重复者。《嘉瑞记》。《祥瑞记》二书。既出杂传。又出五行。诸葛武侯《集诫》。《众贤诫》。曹大家《女诫》。《正顺志》。《娣姒训》。《女诫》。《女训》。凡数种书。既出儒类。又出总集。《众僧传》。《高僧传》。《梁皇大舍记》。《法藏目录》。《元门宝海》等书。既出杂传。又出杂家。如此三种。实由分类不明。是致差互。若乃陶弘景《天仪说要》。天文类中两出。赵政《甲寅元历序》。历数中两出。《黄帝飞鸟历》与《海中仙人占灾祥书》。五行类中两出。庾季才《地形志》。地理类中两出。凡此五书。是不校勘之过也。以《隋志》尚且如此。后来编书出于众手。不经校勘者。可胜道哉。于是作《书目正讹》。

《崇文》明于两类论一篇

《崇文总目》。众手为之。其间有两类极有条理。古人不及。后来无以复加也。即为二家。不胜冗滥。及睹《崇文》九节。正所谓大热而濯以清风也。杂史一类。隋唐二《志》皆不成条理。今观《崇文》之作。贤于二志远矣。此二类往往是一手所编。惜乎当时不尽以其书属之也。

泛释无义论一篇

古之编书。但标类而已。未尝注解其著注者人之姓名耳。盖经入经类。何必更言经。史入史类。何必更言史。但随其凡目。则其书自显。惟《隋志》于疑晦者则释之。无疑晦者。则以类举。今《崇文总目》出新意。每书之下。必著说焉。据标类自见。何用更为之说。且为之说也。已自繁矣。何用一一说焉。至于无说者。或后书与前书不殊者。则强为之说。使人意怠。且《太平广记》者。乃《太平御览》别出。《广记》一书。专记异事。奈何《崇文》之目所说不及此意。但以谓博采群书。以类分门。凡是类书。皆可博采群书。以类分门。不知《御览》之与《广记》又何异。《崇文》所释。大概如此。举此一条。可见其他。

书有不应释论三篇

实录自出于当代。按《崇文总目》。有《唐实录》十八部。既谓"唐实录"。得非出于唐人之手。何须一一释云"唐人撰"。

凡编书皆欲成类。取简而易晓。如文集之作甚多。唐人所作自是一类。宋朝人所作自是一类。但记姓名可也。何须一一言唐人撰。一一言宋朝人撰。然《崇文》之所作。以为衍文者。不知其为几何。此非不达理也。著书之时。元不经心耳。

有应释者。有不应释者。《崇文总目》必欲一一为之释。间有见名知义者。亦强为之释。如郑景岫作《南中四时摄生论》。其名自可见。何用释哉。如陈昌允作《百中伤寒论》。其名亦可见。何必曰。百中者。取其必愈乎。

书有应释论一篇

《隋志》于他类。只注人姓名。不注义说。可以睹类而知义也。如史家一类。正史编年。各随朝代易明。不言自显。至于杂史。容有错杂其间。故为之注释。故易知者则否。惟霸史一类。纷纷如也。故一一具注。盖有应释者。有不应释者。不可释之。谓之繁。今当观其可不可。

不类书而类人论三篇

古之编书。以人类书。何尝以书类人哉。人则于书之下注姓命耳。《唐志》一例削注。一例大书。遂以书类人。且如别集类自是一类。总集自是一类。奏集自是一类。《令狐楚集》百三十卷。当入别集类。《表奏》十卷。当入奏集类。如何取类于令狐楚而别集与奏集不分。《皮日休文薮》十卷。当入总集类。文集十八卷。当入别集类。如何取类于皮日休而总集与别集无别。诗自一类。赋自一类。陆龟蒙有诗十卷。赋六卷。如何不分诗赋。而取类于陆龟蒙。按《隋志》于书则以所作之人。或所解之人。注其姓名于书之下。文集则大书其名于上。曰某人文集。不著注焉。《唐志》因《隋志》系文于文集之上。遂以他书一概如是。且春秋一类之学。当附《春秋》以显。如曰刘向。有何义。易一类之书。当附《易》以显。如曰王弼。有何义。

《唐志》以人置于书之上。而不著注。大有相妨。如管辰作《管辂传》三卷。唐省文例去作字。则当曰"管辰管辂传"。是二人共传也。如李邕作《狄仁杰传》三卷。当去作字。则当曰"李邕狄仁杰传"。是二人共传也。又如李翰作《张巡姚誾传》三卷。

当去作字。则当曰"李翰张巡姚訚传"。是三人共传也。若文集置人于上。则无相妨。曰"某人文集"可也。即无某人作某人文集之理。所志唯"文集"置人于上，可以去"作"字。可以不著注而于义何妨也。又如卢槩佐作《孝子传》三卷。又作《高士传》二卷。高士与孝子自殊。如何因所作之人而合为一。似此类极多。《炙毂子杂录》注解五卷。乃王叡撰。若从《唐志》之例。则当曰"王叡炙毂子杂录注解五卷"。是王叡复为注解之人矣。若用《隋志》例。以其人之姓名著注于其下。无有不安之理。

编书不明分类论三篇

《七略》唯兵家一略。任宏所校。分权谋形势阴阳技巧为四种书。又有图四十三卷。与书参焉。观其类例。亦可知兵。况见其书乎。其次则尹咸校数术。李柱国校方技。亦有条理。惟刘向父子所校经传诸子诗赋。冗杂不明。尽采语言。不存图谱。缘刘氏章句之儒。胸中元无伦类。班固不知其失。是致后世亡书多。而学者不知源。则凡编书。惟细分难。非用心精微。则不能也。兵家一略极明。若他略皆如此。何忧乎斯文之丧也。

史家本于孟坚。孟坚初无独断之学。惟依缘他人以成门户。纪志传则追司马之踪。律历艺文。则蹑刘氏之迹。惟《地理志》与《古今人物表》是其胸臆。地理一学。后代少有名家者。由班固修之无功耳。《古今人物表》又不足言也。

古者。修书出于一人之手。成于一家之学。班马之徒是也。至唐人始用众手。晋隋二书是矣。然亦皆随其学术所长者而授之。未尝夺人之所能。而强人之所不及。如李淳风。于志宁之徒。则授之以志。如颜师古。孔颖达之徒。则授之纪传。以颜孔博通古今。于李明天文地理图籍之学。所以晋隋二《志》。高于古今。而《隋志》尤详明也。

编次有叙论二篇

《隋志》每于一书而有数种学者。虽不标别。然亦有次第。如《春秋三传》。虽不分为三家。而有先后之列。先《左氏》。次《公羊》。次《穀梁》。次《国语》。可以次求类。唐志不然。三传《国语》。可以浑而杂出。四家之学。犹方圆冰炭也。不知《国语》之文。可以同于《公》《穀》。《公》《穀》之义。可以同于《左氏》者乎。

《隋志》于礼类有丧服一种。虽不别出。而于《仪礼》之后。自成一类。以丧服者。《仪礼》之一篇也。后之议礼者。因而讲究。遂成一家之书。尤多于三礼。故为之别异。可以见先后之次。可以见因革之宜。而无所紊滥。今《唐志》与三《礼》杂出。可乎。

编次不明论七篇

班固《艺文志》。出于《七略》者也。《七略》虽疏而不滥。若班氏步步趋趋。不离于七略。未见其失也。间有《七略》所无。而班氏杂出者。则踬矣。扬雄所作之书。刘氏盖未收。而班氏始出。若之何以《太元》《法言》《乐箴》三书合为一。总谓之扬雄所序三十八篇。入于儒家类。按儒者旧有五十二种。固新出一种。则扬雄之三书也。且《太元》易类也。《法言》诸子也。《乐箴》杂家也。奈何合而为一家。是知班固胸中。元无伦类。

旧类有道家。有道书。道家则老庄是也。有法家。有刑法。法家则申韩是也。以道家为先。法家次之。至以刑法道书。别出条例。刑法则律令也。道书则法术也。岂可以法术与老庄同条。律令与申韩共贯乎。不得不分也。《唐志》则并道家道书释氏三类为一类。命以道家。可乎。凡条例之书。古人草昧。后世详明者有之。未有弃古人之详明。从后人之紊滥也。其意谓释氏之书。难为在名墨兵农之上。故以合于道家。殊不知凡目之书。只要明晓。不如此论高卑。况释道二家之书。自是矛盾。岂可同一家乎。

《汉志》于医术类。有经方。有医经。于道术类。有房中。有神仙。亦自微有分别。奈何后之人。更不本此同为医方同为道家者乎。足见后人之苟且也。

《唐志》别出明堂经脉一条。而《崇文总目》合为医书。据明堂一类。亦有数家。以为一条。已自疏矣。况合于医书而其类又不相附。可乎。

《汉志》以《司马法》为礼经。以《太公兵法》为道家。此何义也。疑此二条。非任氏刘氏所收。盖出班固之意。亦如以《太元》

《乐箴》为儒家类也。

《汉志》以《世本》《战国策》秦大臣《奏事》《汉著记》为春秋类。此何义也。

《唐志》以《选举志》入职官类是。《崇文总目》以《选举志》入传记非。

汉书·艺文志
（班　固）

昔仲尼没而微言绝。李奇曰，隐微不显之言也；师古曰，精微要妙之言耳。七十子丧而大义乖。师古曰，七十子谓弟子达者七十二人，举其成数，故言七十。故《春秋》分为五。韦昭曰，谓《左氏》《公羊》《穀梁》《邹氏》《夹氏》也。诗分为四。韦昭曰，谓《毛氏》《齐》《鲁》《韩》。《易》有数家之传。战国从衡真伪分争。师古曰，从音子容反。诸子之言。纷然殽乱。师古曰，殽杂也。至秦患之。乃燔灭文章。以愚黔首。师古曰，燔，烧也。秦谓人为黔首，言其头黑也。燔，音扶元反，黔，音其炎反，又音琴。汉兴。改秦之败。大收篇籍，广开献书之路。迄孝武世。书缺简脱，礼坏乐崩。师古曰，编绝散落，故简脱，脱，音吐活反。圣上喟然而称曰，师古曰，喟叹息之貌也，音丘位反。朕甚闵焉。于是建藏书之策如淳曰，刘歆《七略》曰，外则有太常太史博士之藏，内则有延阁广内秘室之府。置写书之官，下及诸子传说。皆充秘府，至成帝时。以书颇散亡。使谒者陈农求遗书于天下。诏光禄大夫刘向校经传诸子诗赋。步兵校尉任宏校兵书。太史令尹咸校数术。师古曰，占卜之书。侍医李柱国校方技。师古曰，医药之书也。每一书已。师古曰，已毕也。向辄条其篇目。撮其指意，录而奏之。师古曰，撮，总取也，音千括反。会向卒。哀帝复使向子侍中奉车都尉歆卒父业。师古曰，卒终也。歆于是总群书而奏其《七略》。故有《辑略》。师古曰，辑与集同，谓诸书之总要。有《六艺略》。师古曰，六艺六经也。有《诸子略》。有《诗赋略》。有《兵书略》。有《术数略》。有《方技略》。今删其要以备篇籍。师古曰，删去浮冗，取其指要也，其每略所条家及篇数，有与总凡不同者，传写脱误，年代久远，无以详知。

《易经》十二篇，施、孟、梁丘三家，师古曰，上下经及十翼，故十二篇。《易传》周氏二篇，字王孙也。《服氏》二篇，师古曰，刘向《别录》云，服氏齐人，号服光。《杨氏》二篇，名何，字叔元，菑川人。《蔡公》二篇卫人，事周王孙。《韩氏》二篇名婴。《王氏》二篇名同。《丁氏》八篇，名宽，字子襄，梁人也。《古五子》十八篇，自甲子至壬子，说易阴阳。《淮南道训》二篇，淮南王安聘明易者九人，号九师法。《古杂》八十篇，《杂灾异》三十五篇，《神输》五篇，图一，师古曰，刘向《别录》云，神输者王道失则灾害生，得则四海输之祥瑞。《孟氏京房》十一篇，《灾异孟氏京房》六十六篇，五鹿充宗《略说》三篇，《京氏段嘉》十二篇，苏氏曰，东海人，为博士，晋灼曰，儒林不见，师古曰，苏说是也，嘉即京房所从受易者也，见儒林传及刘向别录。《章句》施、孟、梁丘氏各二篇。凡《易》十三家二百九十四篇。

《易》曰。宓戏氏仰观象于天。俯观法于地。观鸟兽之文。与地之宜。近取诸身。远取诸物。于是始作八卦。以通神明之德。以类万物之情。师古曰，下系之辞也。鸟兽之文，谓其迹在地者，宓读与伏同。至于殷周之际。纣在上位。逆天暴物。文王以诸侯顺命而行道。天人之占。可得而效。于是重《易》六爻。作上下篇。孔氏为之《彖》、《象》、《系辞》、《文言》、《序卦》之属十篇。故曰《易》道深矣。人更三圣。韦昭曰，伏羲文王孔子，师古曰，更，经也，音工衡反。世历三古。孟康曰，易系辞曰，易之兴其于中古乎，然则伏羲为上古，文王为中古，孔子为下古。及秦燔书。而《易》为筮卜之事。传者不绝。汉兴。田何传之。讫于宣元。有施、孟、梁丘、京氏列于学官。而民间有费、高二家之说。师古曰，费，音扶昧反。刘向以中《古文易经》校施、孟、梁丘经。师古曰，中者天子之书也，言中以别于外耳。或脱去"无咎"、"悔亡"。唯费氏经与古文同。

《尚书古文经》四十六卷为五十七篇，师古曰，孔安国《书序》云，凡五十九篇，为四十六卷，承诏作传，引序各冠其篇首，定五十八篇。郑玄《叙赞》云，后又亡其一篇，故五十七。经二十九卷大小夏侯二家，欧阳经三十二卷。师古曰，此二十九卷，伏生传授者。《传》四十一篇。《欧阳章句》三十一卷。《大小夏侯章句》各二十九卷。《大小夏侯解故》二十九篇。《欧阳说义》二篇。刘向《五行传记》十一卷。许商《五行传记》一篇。《周书》七十一篇周史记。师古曰，刘向云，周时诰誓号令也，盖孔子所论百篇之余也，今之存者四十五篇矣。《议奏》四十二篇，宣帝时石渠论。韦昭曰，阁名也，于此论书。凡《书》九家四百一十二篇。入刘向《稽疑》一篇。师古曰，此凡言入者，谓《七略》之外，班氏新入之也。其云出者，与此同。

《易》曰。河出图。雒出书。圣人则之。师古曰，上系之辞也。故《书》之所起远矣。至孔子篹焉。孟康曰，篹音撰。上断于尧。下讫于秦。凡百篇而为之序言其作意。秦燔书禁学。济南伏生独壁藏之。汉兴亡失。求得二十九篇。以教齐鲁之间。讫孝宣世。有欧阳、大小夏侯氏立于学官。《古文尚书》者。出孔子壁中。师古曰，《家语》云，孔腾字子襄，畏秦法峻急，藏《尚书》、《孝经》、《论语》于夫子旧堂壁中，而《汉记·尹敏传》云，孔鲋所藏。二说不同，未知孰是。武帝末。鲁恭王坏孔子宅。欲以广其宫而得《古文尚书》及《礼记》、《论语》、《孝经》。凡数十篇。皆古字也。共王往入其宅。闻鼓琴琴瑟钟磬之音。于是惧。乃止不坏。孔安国者。孔子后也。悉得其书。以考二十九篇。多得十六篇。师古曰,壁中书多,以考见行世二十九篇之外,更得十六篇。安国献之。遭巫蛊事。未列于学官。刘向以中古文校欧阳、大小夏侯三家经文。《酒诰》脱简一。《召诰》脱简二。师古曰,召读曰邵。率简二十五字者。脱亦二十五字。简二十二字者。脱亦二十二字。文字异者七百有余,脱字数十。《书》者古之号令。号令于众。其言不立具,则听受施行者弗晓。古文读应尔雅。故解古今语而可知也。

《诗经》二十八卷鲁、齐、韩三家应劭曰,申公作《鲁诗》,后苍作《齐诗》,韩婴作《韩诗》。《鲁故》二十五卷。师古曰,故者通其指义也,它皆类此,今流俗毛诗,改故训传为诂字,失真耳。《鲁说》二十八卷。《齐后氏故》二十卷。《齐孙氏故》二十七卷。《齐后氏传》三十九卷。《齐孙氏传》二十八卷。《齐杂记》十八卷。《韩故》三十六卷。《韩内传》四卷。《韩外传》六卷。《韩说》四十一卷。《毛诗》二十九卷。《毛诗故训传》三十卷。凡《诗》六家四百一十六卷。

《书》曰。诗言志。歌咏言。师古曰,虞书舜典之辞也,在心为志,发言为诗。咏者,永也,永,长也,歌所以长言之。故哀乐之心感。而歌咏之声发。诵其言,谓之诗。咏其声。谓之歌。故古之采诗之官。王者所以观风俗。知得失。自考正也。孔子纯取周诗。上采殷。下取鲁。凡三百五篇。遭秦而全者。以其讽诵。不独在竹帛故也。汉兴。鲁申公为《诗》训故。而齐辕固燕韩生皆为之传。或取《春秋》。采杂说。咸非其本义。与不得已。鲁最为近之。师古曰,与不得已者,言皆不得也,三家皆不得其真,而鲁最近之。三家皆列于学官,又有毛公之学。自谓子夏所传。而河间献王好之未得立。

《礼古经》五十六卷,《经》七十篇。后氏、戴氏。○刘敞曰,此七十与后七十,皆当作十七,计其篇数则然。《记》百三十一篇七十子后学者所记也。《明堂阴阳》三十三篇古明堂之遗事。《王史氏》二十一篇七十子后学者。师古曰,刘向别录云,六国时人也。《曲台后仓》九篇。如淳曰,行礼射于曲台,后仓为记,故名曰《曲台记》。汉宫曰,大射于曲台。晋灼曰,天子射宫也,西京无太学,于此行礼也。○宋祁曰,景本曲台下有至字。《中庸说》二篇。师古曰,今《礼记》有《中庸》一篇,亦非本礼经,盖此之流。《明堂阴阳说》五篇　《周官经》六篇。王莽时,刘歆置博士。师古曰,即今之《周官礼》也,亡其《冬官》,以《考工记》充之。《周官传》四篇。《军礼司马法》百五十五篇。《古封禅群祀》二十二篇。《封禅议对》十九篇。武帝时也。　《汉封禅群祀》三十六篇。《议奏》三十八篇。石渠。　凡《礼》十三家五百五十五篇。入司马法一家,百五十五篇。

《易》曰。有夫妇父子君臣上下。礼义有所错。师古曰,《序卦》之辞也。错,置也,音千故反。而帝王质文。世有损益,至周曲为之防。事为之制,师古曰,委曲防闲,每事为制也。故曰,礼经三百。威仪三千。韦昭曰,《周礼》三百六十官也,三百举成数也。臣瓒曰,礼经三百,谓冠婚吉凶《周礼》三百,是官名也。师古曰,礼经三百,韦说是也,威仪三千,乃谓冠婚吉凶,盖《仪礼》是也。及周之衰。诸侯将逾法度。恶其害己。皆灭去其籍。自孔子时而不具。至秦大坏。汉兴。鲁高堂生传《士礼》十七篇。讫孝宣世。后仓最明。戴德戴圣庆普皆其弟子。三家立于学官。《礼古经》者,出于鲁淹中。苏林曰,里名也。○刘敞曰,读当云《礼古经》者出于鲁淹中及孔氏,孔氏则安国所得壁中书也。及孔氏学七篇文相似。多三十九篇。○刘敞曰,学七十篇,当作与十七篇,文相似。五十六卷除十七,正多三十九也。及《明堂阴阳》、《王史氏记》所见多天子诸侯卿大夫之制,虽不能备,犹瘉仓等推《士礼》而致于天子之说。师古曰,瘉与愈同,愈胜也。

《乐记》二十三篇。《王禹记》二十四篇。《雅歌诗》四篇。《雅琴赵氏》七篇。名定，勃海人，宣帝时丞相魏相所奏。《雅琴师氏》八篇名中，东海人，传言师旷后。《雅琴龙氏》九十九篇。名德，梁人。师古曰，刘向《别录》云，亦魏相所奏也，与赵定俱召见待诏，后拜为侍郎。凡《乐》六家百六十五篇。出淮南刘向等《琴颂》七篇。

《易》曰：先王作乐崇德，殷荐之上帝，以享祖考。故自黄帝下至三代，乐各有名。孔子曰。安上治民。莫善于礼。移风易俗。莫善于乐。师古曰，《孝经》载孔子之言。二者相与并行。周衰俱坏。乐尤微眇。以音律为节。师古曰，眇，细也，言其道精微，节在音律，不可具于书，眇亦读曰妙。又为郑卫所乱。故无遗法。汉兴。制氏以雅乐声律。世在乐官。颇能纪其铿锵鼓舞。而不能言其义。师古曰，铿，音初耕反。六国之君。魏文侯最为好古。孝文时。得其乐人窦公。师古曰，桓谭《新论》云，窦公年百八十岁，两目皆盲，文帝奇之，问曰，何因至此，对曰，臣年十三失明，父母哀其不及众技，教鼓琴，臣导引无所服饵。献其书。乃《周官·大宗伯》之《大司乐章》也。武帝时。河间献王好儒。与毛生等共采《周官》及诸子言乐事者。以作《乐记》，献八佾之舞。与制氏不相远。其内史丞王定传之。以授常山王禹。禹成帝时为谒者。数言其义。师古曰，数，音所角反。献二十四卷记。刘向校书得《乐记》二十三篇。与禹不同。其道寖以益微。师古曰，寖渐也。《春秋古经》十二篇。《经》十一卷。《公羊》、《穀梁》二家。《左氏传》三十卷左丘明，鲁太史。《公羊传》十一卷。公羊子，齐人，师古曰，名高。《穀梁传》十一卷。穀梁子，鲁人，师古曰，名喜。《邹氏传》十一卷。《夹氏传》十一卷。有录无书。师古曰，夹，音颊。《左氏微》二篇。师古曰，微谓释其微指。《铎氏微》三篇。楚太傅铎椒也。《张氏微》十篇。《虞氏微传》二篇。赵相虞卿。《公羊外传》五十篇。《穀梁外传》二十篇。《公羊章句》三十八篇。《穀梁章句》

三十三篇。《公羊杂记》八十三篇。《公羊颜氏记》十一篇。《公羊董仲舒治狱》十六篇。《议奏》三十九篇。石渠论。《国语》二十一篇。左丘明著。《新国语》五十四篇。刘向分《国语》。《世本》十五篇。古史官记黄帝以来，讫春秋时，诸侯大夫。《战国策》三十三篇。记《春秋》后。《奏事》二十篇。秦时大臣奏事，及刻石名山文也。《楚汉春秋》九篇。陆贾所记。《太史公》百三十篇。十篇有录无书。　冯商所续《太史公》七篇。韦昭曰，冯商受昭续《太史公》十余篇，在班彪别录。商，字子高。师古曰，《七略》云，商阳陵人，治易，事五鹿充宗，后事刘向，能属文，后与孟柳俱待诏，颇序列传，未卒，病死。《太古以来年纪》二篇。《汉记著》百九十卷。师古曰：若今之起居注。《汉大年纪》五篇。凡《春秋》二十三家，九百四十八篇。省《太史公》四篇。

古之王者。世有史官。君举必书，所以慎言行。昭法式也，左史记言，右史记事。事为《春秋》。言为《尚书》。帝王靡不同之。周室既微。载籍残缺。仲尼思存前圣之业。乃称曰。夏礼吾能言之。杞不足征也。殷礼吾能言之。宋不足征也。文献不足故也。足则吾能征之矣。师古曰，《论语》载孔子之言也。征，成也。献，贤也。孔子自谓能言夏殷之礼，而杞宋之君文章贤材，不足以成之，故我不得成此礼也。以鲁周公之国，礼文备物，史官有法，故与左丘明观其史记。据行事。仍人道。师古曰，仍亦因也。因兴以立功。败以成罚。假日月以定历数。藉朝聘以正礼乐。有所褒讳贬损，不可书见。口授弟子。弟子退而异言。师古曰，谓人执所见，各不同也。丘明恐弟子各安其意以失其真。故论本事而作传。明夫子不以空言说经也。《春秋》所贬损大人当世居臣。有威权势力。其事实皆形于传。是以隐其书而不宣。所以免时难也。及末世口说流行。故有《公羊》、《穀梁》、《邹》、《夹》之《传》。四家之中。《公羊》《穀梁》立于学官。邹氏无师。夹氏未有书。

《论语》古二十一篇。出孔子壁中,两子张。如淳曰,分《尧曰》篇后子张问何如可以从政已下为篇,名曰《从政》。《齐》二十二篇。多《问王》、《知道》。如淳曰,多《问王》、《知道》,皆篇名也。《鲁》二十篇,《传》十九篇。师古曰,解释《论语》意者。《齐说》二十九篇。《鲁夏侯说》二十一篇。《鲁安昌侯说》二十一篇。师古曰,张禹也。《鲁王骏说》二十篇。师古曰,王吉子。《燕传说》三卷。《议奏》十八篇。石渠论。《孔子家语》二十七卷。师古曰,非今所有《家语》。《孔子三朝》七篇。师古曰,今《大戴礼》有其一篇,盖孔子对鲁哀公语也。三朝见公,故曰三朝。《孔子徒人图法》二卷。凡《论语》十二家。二百二十九篇。

《论语》者。孔子应答弟子时人。及弟子相与言而接闻于夫子之语也。当时弟子各有所记。夫子既卒。门人相与辑而轮纂。故谓之《论语》。师古曰,辑与集同,纂与撰同。汉与有齐鲁之说。传《齐论》者。昌邑中尉王吉。少府宋畸。师古曰,畸,音居宜反。御史大夫贡禹。尚书令五鹿充宗。胶东庸生。唯王阳名家。师古曰,王吉字子阳,故谓之王阳。传《鲁论语》者。常山都尉龚奋。长信少府夏侯胜。丞相韦贤。鲁扶卿。前将军萧望之。安昌侯张禹。皆名家。张氏最后而行于世。

《孝经古孔氏》一篇。二十二章。师古曰,刘向云,古文字也,《庶人》章分为二也,《曾子敢问》章为三,又多一章,凡二十二章。《孝经》一篇。十八章,长孙氏、江氏、后氏、翼氏四家。《长孙氏说》二篇。《江氏说》一篇。《翼氏说》一篇。《后氏说》一篇。《杂传》四篇。《安昌侯说》一篇。《五经杂议》十八篇。石渠论。《尔雅》三卷二十篇。张晏曰,尔,近也;雅,正也。《小尔雅》一篇。宋祁曰,小字下邵本有尔字。《古今字》一卷。《弟子职》一篇。

应劭曰，管仲所作，在《管子》书。《说》三篇。凡《孝经》十一家五十九篇。《孝经》者。孔子为曾子陈孝道也。夫孝。天之经。地之义民之行也。举大者言。故曰孝经。汉兴。长孙氏。博士江翁。少府后仓。谏大夫翼奉。安昌侯张禹传之。各自名家。经文皆同。唯孔氏壁中古文为异。父母生之。续莫大焉。故亲生之膝下。诸家说不安处。古文字读皆异。臣瓒曰，《孝经》云续莫大焉，而诸家之说各不安处之也。师古曰，桓谭《新论》云，古《孝经》千八百七十二字，今异者四百余字。

《史籀》十五篇。周宣王太史作《大篆》十五篇，建武时亡六篇矣。师古曰，籀音胄。《八体六技》。韦昭曰，八体，一曰大篆，二曰小篆，三曰刻符，四曰虫书，五曰摹印，六曰署书，七曰殳书，八曰隶书。《苍颉》一篇。上七章秦丞相李斯作。《爰历》六章，车府令赵高作。《博学》七章，太史令胡母敬作。《凡将》一篇。司马相如作。《急就》一篇。元帝时，黄门令史游作。《元尚》一篇。成帝时，将作大匠李长作。《训纂》一篇。扬雄作。《别字》十三篇。《苍颉传》一篇。《扬雄苍颉训纂》一篇。《杜林苍颉训纂》一篇。《杜林苍颉故》一篇。凡《小学》十家。四十五篇。入扬雄、杜林二家。三篇。《易》曰。上古结绳以治。后世圣人易之以书契。百官以治。万民以察。盖取诸《夬》。师古曰，《下系》之辞。《夬》，扬于王庭。师古曰，《夬卦》之辞。言其宣扬于王者朝廷。其用最大也。古者八岁入小学。故周官保氏。掌养国子。教之六书。师古曰，保氏地官之属也。保，安也。谓象形。象事。象意。象声。转注。假借。造字之本也。师古曰，象形为画成其物，随体诘屈，日月是也；象事即指事也，谓视而可识，察而见意，上下是也；象意即会意也，谓比类合谊，以见指㧑，武信是也；象声即形声，谓以事为名，取譬相成，江河是也；转注谓建类一首，同意相受，考老是也；假借为本无其字，依声托事，令长是也。文字之义，总归六书，故曰，立字之本焉。汉兴萧何草律。师古曰，草创造之。亦著其法。

曰太史试学童。能讽书九千字以上。乃得为史。又以六体试之。课最者。以为尚书、御史、史书令史。韦昭曰,若今尚书兰台令史也。臣瓒曰,史书,今之太史书。○刘奉世曰,史与书令史二名,今有书令史。吏民上书。字或不正。辄举六。劾体者。古文。奇字。篆书。隶书。缪篆。虫书。师古曰,古文谓孔子壁中书;奇字即古文而异者也;篆书谓小篆,盖秦始皇使程邈所作也;隶书亦程邈所献,主于徒隶,从简易也;缪篆谓其文屈曲缠绕,所以摹印章也;虫书谓为虫鸟之形,所以书幡信也。皆所以通知古今文字。摹印章。书幡信也。古制书必同文不知则阙。问诸故老。至于衰世。是非无正。人用其私。师古曰,各任私意而为字。故孔子曰。吾犹及史之阙文也。今亡矣夫。师古曰,《论语》载孔子之言,谓文有疑,则当阙而不说。孔子曰,言我初涉学,尚见阙文,今则皆无,任意改作也。盖伤其寖不正。师古曰,寖,渐也。《史籀篇》者。周时史官教学童书也。与孔氏壁中古文异体。《苍颉》七章者。秦丞相李斯所作也。《爰历》六章者。车府令赵高所作也。《博学》七章者。太史令胡母敬所作也。文字多取《史籀篇》。而篆体复颇异。所谓秦篆者也。是时始造隶书矣。起于官狱多事。苟趋省易。师古曰,趋读曰趣谓趣向之也。易,音弋豉反。施之于徒隶也。汉兴。闾里书师。合《苍颉》、《爰历》、《博学》三篇。断六十字以为一章,凡五十五章。并为《苍颉篇》。师古曰,并,合也,总合以为苍颉篇也。武帝时。司马相如作《凡将篇》。无复字。师古曰,复,重也音拱目反后皆类此。元帝时。黄门令史游作《急就篇》。成帝时。将作大匠李长作《元尚篇》。皆《苍颉》中正字也。《凡将》则颇有出矣。至元始中。征天下通小学者以百数。各令记字于庭中。扬雄取其有用者以作《训纂篇》。顺续《苍颉》中重复之字。凡八十九章。臣复续扬雄作十三章。韦昭曰,臣,班固自谓也。作十三章,后人不别,疑在《苍颉》下篇三十四章中，凡一百三章。无复字。六艺群书。所载略备矣。《苍颉》多古字。俗师失其读。宣帝时。征齐人能正读者张敞。从受之。传至外孙之子杜林。为作训。故并列焉。凡六艺一百三家，三千一百二十三篇入三家，一百五十九篇，出重十一篇。

六艺之文。《乐》以和神。仁之表也。《诗》以正言。义之用也。《礼》以明体。明者著见。故无训也。《书》以广听。知之术也。《春秋》以断事。信之符也。五者盖五常之道相须而备。而《易》为之原。故曰。易不可见。则乾坤或几乎息矣。苏林曰，不能见易意，则乾坤近于灭息也。师古曰，此《上系》之辞也，几，近也，音钜依反。言与天地为终始也。至于五学。世有变改。犹五行之更用事焉。师古曰，更，互也，音工衡反。古之学者耕且养。三年而通一艺。存其大体。玩经文而已。是故用日少而畜德多。师古曰，畜读曰蓄，蓄，聚也，《易·大畜》卦象辞曰，君子以多识前言往行，以畜其德。三十而五经立也。后世经传既已乖离。博学者又不思多闻阙疑之义。师古曰，《论语》称孔子曰，多闻阙疑，慎言其余，则寡尤。言为学之道，务在多闻，疑则阙之，慎于言语，则少过也，故《志》引之。而务碎义逃难。便辞巧说。破坏形体。师古曰，苟为僻碎之义，以避他人之攻难者故为便辞巧说，以析破文字之形体也。说五字之文。至于二三万言。师古曰，言其烦妄也。桓潭《新论》云，秦近君能说《尧典》，篇目两字之说，至十余万言，但说曰若稽古三万言。後进弥以驱逐。故幼童而守一艺。白首而后能言。安其所习。毁所不见。师古曰，己所常习则保安之，未尝所见者，则妄毁诽。终以自蔽。比学者之大患也。序六艺为九种。

《晏子》八篇。名婴，谥平仲，相齐景公，孔子称善与人交，有《列传》。师古曰，有《列传》者谓《太史公书》。《子思》二十三篇。名伋，孔子孙为鲁缪公师。《曾子》十八篇。名参，孔子弟子。《漆雕子》十三篇。孔子弟子漆雕启后。宓子十六篇。名不齐，字子贱，孔子弟子。师古曰，宓读与伏同。《景子》三篇。说宓子语似其弟子。《世子》二十一篇。名硕，陈人也，七十子之弟子。《魏文侯》六篇。李克七篇。子夏弟子，为魏文侯相。《公孙尼子》二十八篇。七十子之弟子。《孟子》十一篇。名轲，邹人，子思弟子，有《列传》。师古曰，《圣证论》云轲字子车，而此志无字，未详其所得。《孙卿子》三十三篇。名况，赵人，为齐稷下祭酒，有《列传》。师古曰，本曰荀卿，避宣帝讳，故曰孙。《芈子》十八篇。名婴，齐人，七十子之后。师古曰，芈，音弭。《内业》十五篇。不知作书者。《周史六弢》六篇。惠襄之间，或曰，显王时，或曰，孔子问焉。师古曰，即今之六韬也，盖言取天下及军旅之事，弢字与韬同也。《周政》六篇。周时法度政教。《周法》九篇。法天地立百官。《河间周制》十八篇。似河间献王所述也。《谰言》十篇。不知作者，陈人君法度。如淳曰，谰音縏烂。师古曰，说者引《孔子家语》云，孔穿所造，非也。《功议》四篇。不知作者，论功德事。《宁越》一篇。中牟人，为周威王师。《王孙子》一篇。一曰巧心。《公孙固》一篇。十八章，齐闵王失国，问之固因为陈古今成败也。《李氏春秋》二篇。《羊子》四篇。百章，故秦博士。《董子》一篇。名无心，难墨子。《俟子》一篇。李奇曰，或作《侔子》。《徐子》四十二篇。宋外黄人。《鲁仲连子》十四篇。有《列传》。《平原老》七篇。朱建也。○宋祁曰，老一作君。《虞氏春秋》十五篇。虞卿也。《高祖传》十三篇。高祖与大臣述古语，及诏策也。《陆贾》二十三篇。《刘敬》三篇。《孝文传》十一篇。文帝所称及诏策。《贾山》八篇。《太常蓼侯孔臧》十篇。父聚，高祖时以功臣封，臧嗣爵。《贾谊》五十八篇。河间献王《对上下三雍宫》三篇。《董仲舒》百二十三。《兒宽》九篇。《公孙弘》十篇。《终军》八篇。《吾丘寿王》六篇。《虞丘说》一篇。难孙卿也。《庄助》四篇。《臣彭》四篇。《钩盾兄从李步昌》八篇。宣帝时数言事，○宋祁曰，兄，当作冗。《儒家言》十八篇。不知作者。桓宽《盐铁论》六十篇。师古曰，宽，字次公，汝南人也，孝昭帝时丞相御史与诸贤良文学论盐铁事，宽撰次之。刘向所序六十七篇《新序》《说苑》《世说》《列女传颂图》也。扬雄所序三十八篇。《太玄》十九，《法言》十三，乐四，《箴》二，右儒五十三家，八百三十六篇。入扬雄一家，三十八篇。

儒家者流。盖出于司徒之官。助人君顺阴阳。明教化者也。游文于六经之中。留意于仁义之际。祖述尧舜。宪章文武。宗师仲尼。以重其言。师古曰，祖，始也。述，修也。宪法也。章，明也。宗，尊也，言以尧舜为本始，而遵修之，以文王武王为明法，又师尊仲尼之道。于道最为高。孔子曰。如有所誉。其有所试。师古曰，论语载孔子之言也，言于人有所称誉者，辄试以事，取其实效也，誉音弋于反。唐虞之陆。殷周之盛。仲尼之业。已试之效者也。然惑者既失精微。而辟者又随时抑扬。违离道本。师古曰，辟读曰僻。苟以哗众取宠。师古曰，哗，喧也，宠，尊也，哗，音呼华反。后进循之。是以五经乖析。儒学寖衰。此辟儒之患。师古曰，寖，渐也，辟，读曰僻。

《伊尹》五十一篇。汤相。《太公》二百三十七篇。吕望为周师尚父，本有道者，或有近世又以为太公术者所增加也。师古曰，父读曰甫也。《谋》八十一篇。《言》七十一篇。《兵》八十五篇。《辛甲》二十九篇。纣臣，七十五谏而去，周封之。《鬻子》二十二篇。名熊，为周师，自文王以下问焉，周封为楚祖。师古曰，鬻，音弋六反。《筦子》八十六篇。名夷吾，相齐桓公，九合诸侯，不以兵车也，有《列传》。师古曰，筦读与管同。《老子邻氏经传》四篇。姓李名耳，邻氏传其学。《老子传氏经说》三十七篇。述老子学。《老子徐氏经说》六篇。字少李，临淮人，传老子。刘向《说老子》四篇。《文子》九篇。老子弟子，与孔子并时，而称周平王问，似依托者也。《蜎子》十三篇。名渊，楚人，老子弟子。师古曰，蜎，姓也，音一元反。《关尹子》九篇。名喜，为关吏，老子过关，喜去吏而从之。《庄子》五十二篇。名周，宋人。《列子》八篇。名围寇，先庄子，庄子称之。《老成子》十八篇。《长卢子》九篇。楚人。《王狄子》一篇。《公子牟》四篇。魏之公子也，先庄子，庄子称之。《田子》二十五篇。名骈，齐人，游稷下，号天口骈。师古曰，骈音步田反。《老莱子》十六篇。楚人，与孔子同时。《黔娄子》四篇。齐隐士，守道不诎，威王下之。师古曰，黔，音其炎反，下，音胡稼反。《宫孙子》二篇。师古曰，宫孙姓也，不知名。《鹖冠子》一篇。楚人，居深山，以鹖为冠。师古曰，以鹖为羽为冠。《周训》十四篇。师古曰，刘向《别录》云，人间小书，其言俗薄。《黄帝四经》四篇。《黄帝铭》六篇。《黄帝君臣》十篇。起六国时，与老子相似也。《杂黄帝》五十八篇。六国时贤者所作。《力牧》二十二篇。六国时所作，托之力牧，力牧黄帝相。《孙子》十六篇。六国时。《捷子》二篇。齐人，武帝时说。《曹羽》二篇。楚人，武帝时说于齐王。《郎中婴齐》十二篇。武帝时。师古曰，刘向云，故持诏，不知其姓，数从游观，名能为文。《臣君子》二篇。蜀人。《郑长者》一篇。六国时，先韩子，韩子称之。师古曰，别录云，郑人，不知姓名。《楚子》三篇。《道家言》二篇。近世，不知作者。右道三十七家，九百九十三篇。

道家者流。盖出于史官。历记成败存亡祸福古今之道。然后知秉要执本。清虚以自守。卑弱以自持。此君人南面之术也。合于尧之克攘。师古曰，《虞》书、《尧典》称尧之德，曰允恭克让，言其信恭能让也，故《志》引之云，攘古让字。《易》之嗛嗛。一谦而四益。此其所长也。师古曰，四益，谓天道亏盈而益谦，地道变盈而流谦，鬼神害盈而福谦，人道恶盈而好谦也，此《谦卦·象辞》，嗛字与谦同。及放者为之。则欲绝去礼字。兼弃仁义。师古曰，放荡也。曰独任清虚可以为治。

《宋司星子韦》三篇。景公之史。《公梼生终始》十四篇。传邹奭《始终》书。师古曰，梼，音畴，其字从木。《公孙发》二十二篇。六国时。《邹子》

四十九篇。名衍,齐人,为燕昭王师,居稷下,号谈天衍。《邹子终始》五十六篇。师古曰,亦邹衍所说。《乘丘子》五篇六国时。《杜文公》五篇。六国时。师古曰,刘向别录云,韩人也。《黄帝泰素》二十篇。六国时,韩诸公子所作。师古曰,刘向《别录》云,或言韩诸公孙之所作也,言阴阳五行,以为黄帝之道也,故曰泰素。《南公》三十一篇。六国时。《容成子》十四篇。《张苍》十六篇。丞相北平侯。《邹奭子》十二篇。齐人,号曰雕龙奭。师古曰,奭,音试亦反。《闾丘子》十三篇。名快,魏人。在南公前。《冯促》十三篇。郑人。《将钜子》五篇。六国时,先南公,南公称之。《五曹官制》五篇。汉制,似贾谊所条。《周伯》十一篇。齐人,六国时。《卫侯官》十二篇。近世不知作者。于长《天下忠臣》九篇。平阴人,近世。师古曰,刘向《别录》云,传天下忠臣。《公孙浑邪》十五篇。平曲侯。《杂阴阳》三十八篇。不知作者。右阴阳二十一家,三百六十九篇。

  阴阳家者流。盖出于羲和之官。敬顺昊天历象日月星辰。敬授民时。此其所长也。及拘者为之。则牵于禁忌。泥于小数。师古曰,泥滞也,音乃计反。舍人事而任鬼神。师古曰,舍废也。

  《李子》三十二篇。名悝,相魏文侯,富国强兵。《商君》二十九篇。名鞅,姬姓,卫后也,相秦孝公,有《列传》。《申子》六篇。名不害,京人,相韩昭侯,终其身诸侯不敢侵韩。师古曰,京河南京县。《处子》九篇。师古曰,《史记》云,赵有处子。《慎子》四十二篇。名到。先申韩,申韩称之。《韩子》五十五篇。名非,韩诸公子,使秦,李斯害而杀之。《游棣子》一篇。师古曰,棣,音徒计反。《鼌错》三十一篇。《燕十事》十篇。不知作者。《法家言》二篇。不知作者。右法十家,二百一十七篇。

  法家者流。盖出于理官。信赏必罚。以辅礼制。《易》曰。先王以明罚饬法。师古曰,噬嗑之象辞也,饬,整也,读与敕同。此其所长也。

及刻者为之。则无教化去仁爱。专任刑法。而欲以致治。至于残害至亲。伤恩薄厚。师古曰，薄厚者，变厚为薄。

《邓析》二篇。郑人，与子产并时。师古曰，列子及孙卿并云子产杀邓析。据《左传》昭公二十年，子产卒，定公九年，驷歂杀邓析，而用其竹刑，则非子产所杀也。《尹文子》一篇。说齐宣王，先公孙龙。师古曰，刘向云，与宋钘俱游稷下，钘音形。《公孙龙子》十四篇。赵人。师古曰，即为坚白之辩者。《成公生》五篇。与黄公等同时。师古曰，姓成公，刘向云，与李斯子由同时由为三川守，成公生游谈不仕。《惠子》一篇。名施，与庄子并时。《黄公》四篇。名疵，为秦博士，作歌诗，在秦时歌诗中。师古曰，疵，音才斯反。《毛公》九篇。赵人，与公孙龙等并游平原君赵胜家。师古曰，刘向《别录》云，论坚白同异，以为可以治天下，此盖《史记》所云藏于博徒者。右名七家，三十六篇。

名家者流。盖出于礼官。古者名位不同。礼亦异数。孔子曰。必也正名乎。名不正则言不顺。言不顺则事不成。师古曰，《论语》载孔子之言也，言欲为政，必先正其名。此其所长也。及警者为之。晋灼曰，警，讦也。师古曰，警音工钓反。则苟钩鈲乱而已。师古曰，鈲，破也，音普革反，又音普狄反。

《尹佚》二篇。周臣，在成康时也。《田俅子》三篇。先韩子。苏林曰，俅音仇。《我子》一篇。师古曰，刘向《别录》云，为墨子之学。《随巢子》六篇。墨翟弟子。《胡非子》三篇。墨翟弟子。《墨子》七十一篇。名翟，为宋大夫，在孔子后。右墨六家，八十六篇。

墨家者流。盖出于清庙之守。茅屋采椽。是以贵俭。师古曰，采，柞木也，字作採，本从木，以茅覆屋，以採为椽，言其广秦也，采，音千在反。养三老五更。是以兼爱。选士大射。是以上贤。宗祀严父。是以右鬼。如淳曰，右鬼，谓信鬼神，若杜伯射宣王，是亲鬼而石之。师古曰，右犹尊尚也。

顺四时而行。是以非命。苏林曰，非有命者，言儒者执有命，而反劝人修德积善，政教与行相反，故讥之也。如淳曰，言无吉凶之有贤不肖善恶。**以孝视天下。是以上同。**如淳曰，言皆同可以治也。师古曰，《墨子》有《节用》《兼爱》《上贤》《明鬼神》《非命》《上同》等诸篇，故志历序其本意也。视，读曰示。**此其所长也。及蔽者为之。见俭之利。因以非礼。推兼爱之意。而不知别亲疏。**

《苏子》三十一篇。名秦，有《列传》。《张子》十篇。名仪，有《列传》。《庞煖》二篇。为燕将。师古曰，煖，音许远反。《阙子》一篇。《国筮子》十七篇。《秦零陵令信》一篇。难秦相李斯。《蒯子》五篇。名通。《邹阳》七篇。《主父偃》二十八篇。《徐乐》一篇。《庄安》一篇。《待诏金马聊苍》三篇。赵人，武帝时。师古曰，《严助传》作胶苍，而此《志》作聊，《志》、《传》不同，未知孰是。**右从横十二家，百七篇。**

从横家者流。盖出于行人之官。孔子曰。诵诗三百。使于四方。不能颛对。虽多亦奚以为。师古曰，《论语》载孔子之言也，谓人不达于事，诵诗虽多，亦无所用。**又曰。使乎。**师古曰，亦《论语》载孔子之言，叹使者之难其人。**言其当权事制宜。受命而不受辞。此其所长也。及邪人为之。则上诈谖而弃其信。**师古曰，谖诈言也，音许远反。

《孔甲盘盂》二十六篇。黄帝之史，或曰，夏帝孔甲，似皆非。《大令》三十七篇。传言禹所作，其文似后世语。师古曰，令，古禹字。○宋祁曰，一作命。《伍子胥》八篇。名员，春秋时为吴将，忠直遇谗死。《子晚子》三十五篇。齐人，好议兵，与《司马法》相似。《由余》三篇。戎人，秦穆公聘以为大夫。《尉缭》二十九篇。六国时。师古曰，尉，姓；缭，名也。音了，又音聊。刘向《别录》云，缭为商君学。《尸子》二十篇。名佼，鲁人，秦相商君师之，鞅死佼逃入蜀。师古曰，佼，音绞。《吕氏春秋》二十六篇。秦相吕不韦辑智略士作。《淮南内》二十一篇。王安。《淮南外》三十三篇。师古曰,《内篇》论道,《外篇》杂说。○宋祁曰,杂邵本作新。《东方朔》二十篇。《伯象先生》一篇。应劭曰,盖隐者也,故公孙敖难以无益世主之治。《荆轲论》五篇。轲为燕刺秦王,不成而死,司马相如等论之。《吴子》一篇。《公孙尼》一篇。《博士臣贤对》一篇。汉世。难韩子、商君。《臣说》三篇。武帝时作赋。师古曰,说者其人名,读曰悦。《解子簿书》三十五篇。《堆杂书》八十七篇。《杂家言》一篇。王伯,不知作者。师古曰,言伯王之道,伯读曰霸。右杂二十家,四百三篇。入兵法。

杂家者流。盖出于议官。兼儒墨。合名法。知国体之有此。师古曰,治国之体,亦当有此杂家之说。见王治之无不贯。师古曰,王者之治,于百家之道,无不贯综。此其所长也。及荡者为之。则漫羡而无所归心。师古曰,漫,放也羡,音弋战反。

《神农》二十篇。六国时,诸子疾时怠于农业,道耕农事,托之神农。师古曰,刘向《别录》云,疑李悝及商君所说。《野老》十七篇。六国时,在齐楚间。应劭曰,年老居田野,相民耕种,故号野老。《宰氏》十七篇。不知何世。《董安国》十六篇。汉代内史,不知何帝时。《尹都尉》十四篇。不知何世。○宋祁曰,尹一作郡。《赵氏》五篇。不知何世。《氾胜之》十八篇。成帝时,为议郎。师古曰,刘向《别录》云,使教田三辅有好田者师之,徙为御史,氾,音凡,又音敷剑反。《王氏》六篇。不知何世。《蔡癸》一篇。宣帝时,以言便宜,至弘农太守。师古曰,刘向《别录》云,邯郸人。

农家者流。盖出于农稷之官。播百谷劝耕桑。以足衣食。故八政一曰食。二曰货。孔子曰。所重民食。师古曰,《论语》载孔子称殷汤伐桀告天辞也,言为君之道,所重者,在人之食。此其所长也。及鄙者为之。以为无所事圣王。师古曰,言不须圣王,天下自治。欲使君臣并耕。悖上下之序。师古曰，悖乱也，音布内反。

《伊尹说》二十七篇。其语浅薄似依托也。《鬻子说》十九篇。后世所加。《周考》七十六篇。考周事也。《青史子》五十七篇。古史官记事也。《师旷》六篇。见春秋，其言浅薄本与此同，似因托也。《务成子》十一篇。称尧问，非古语。《宋子》十八篇。孙卿道宋子，其言黄老意。《天乙》三篇。天乙谓汤，其言非殷时，皆依托也。《黄帝说》四十篇。迂诞依托。《封禅方说》十八篇。武帝时。《待诏臣饶心术》二十五篇。武帝时。师古曰，刘向《别录》云，饶齐人也，不知其姓，武帝时待诏，作书名曰心术。《待诏臣安成未央术》一篇。应劭曰，道家也。好养生事，为未央之术。《臣寿周纪》七篇。项国圉人，宣帝时。《虞初周说》九百四十三篇。河南人，武帝时以方士侍郎，号黄车使者。应邵曰，其说以《周书》为本。师古曰，《史记》云，虞初洛阳人，即张衡《西京赋》"小说九百，本自虞初"者也。《百家百》三十九篇。右小说十五家，千三百八十篇。刘奉世曰，又少十篇。

小说家者流盖出于稗官。如淳曰，稗音锻家排，《九章》"细米为稗"。街谈巷说，其细碎之言也，王者欲知闾巷风俗，故立稗官使称说之，今世亦谓偶语为稗。师古曰，稗，音梯稗之稗，不与锻排同也。稗官，小官。《汉名臣奏》，唐林请省置吏，公卿大夫至都官稗官，各减什三是也。街谈巷语。道听途说者之所造也。孔子曰。虽小道。必有可观者焉。致远恐泥。是以君子弗为也。师古曰，《论语》载孔子之言。泥，滞也，音乃细反。然亦弗灭也。闾里小知者之所及。亦使缀而不忘。如或一言可采。此亦刍荛狂夫之议也。

凡诸子百八十九家，四千三百二十四篇。出蹴鞠一家，二十五篇。

诸子十家。其可观者九家而已。皆起于王道既微。诸侯力政。时君世主。好恶殊方。师古曰，好，音呼到反。是以九家之术。蠭出并作。师古曰,蠡与锋同。各引一端。崇其所善。以此驰说。取合诸侯。其言虽殊。辟犹水火。相灭亦相生也。师古曰,辟读曰譬。仁之与义。敬之与和。相反而皆相成也。《易》曰。天下同归而殊途。一致而百虑。师古曰,《下系》之辞。今异家者各推所长。穷知究虑。以明其指。虽有蔽短。合其要归。亦《六经》之支与流裔。师古曰,裔,衣末也,其于《六经》,如水之下流,衣之末裔。使其人遭明王圣主。得其所折中。皆股肱之材已。师古曰,已语终之辞。仲尼有言礼失而求诸野。师古曰,言都邑失礼,则于外野求之亦将有获。方今去圣久远。道术缺废。无所更索。师古曰,索求也。彼九家者。不犹瘉于野乎。师古曰,瘉与愈同。愈,胜也。若能修六艺之术。而观此九家之言。舍短取长则可以通万方之略矣。师古曰,舍废也。

屈原赋二十五篇。楚怀王大夫,有《列传》。唐勒赋四篇。楚人。宋玉赋十六篇。楚人,与唐勒并时在屈原后也。赵幽王赋一篇。庄夫子赋二十四篇。名忌,吴人。贾谊赋七篇。枚乘赋九篇。司马相如赋二十九篇。淮南王赋八十二篇。淮南王群臣赋四十四篇。太常蓼侯孔臧赋二十篇。阳丘侯刘隁赋十九篇。师古曰,隁音偃。吾丘寿王赋十五篇。蔡甲赋一篇。上所自造赋二篇。师古曰,武帝也。兒宽赋二篇。光禄大夫张子侨赋三篇。与王褒同时也。阳成侯刘德赋九篇。刘向赋三十三篇。王褒赋十六篇。右赋二十家,三百六十一篇。

陆贾赋三篇。枚皋赋百二十篇。朱建赋二篇。常侍郎庄忽奇赋十一篇。枚皋同时。师古曰,《七略》云,忽奇者,或言庄夫子子,或书族家子,庄助昆弟也。从行至茂陵,诏造赋。严助赋三十五篇。师古曰,上言庄忽奇,下言严助,史驳文。朱买臣赋三篇。宗正刘辟强赋八篇。司马迁赋八篇。郎中臣婴齐赋十篇。臣说赋九篇。师古曰,说名,音悦。臣吾赋十八篇。辽东太守苏季赋一篇。萧望之赋四篇。河内太守徐明赋三篇。字长君,东海人,元成世历五郡太守,有能名。给世黄门侍郎李息赋九篇。睢阳宪王赋二篇。扬雄十二篇。待诏冯商赋九篇。博士弟子杜参赋二篇。师古曰,刘向《别录》云,臣向谨与长社尉杜参校中秘书。刘歆又云,参杜陵人,以阳朔元年病,死时年二十余。车郎张丰赋三篇。张子侨子。骠骑将军朱宇赋三篇师古曰,刘向别录云,骠骑将军史,朱宇,志以字在骠骑府,故总言骠骑将军,○刘奉世曰,其实惟脱一史字耳。右《赋》二十一家,二百七十四篇。入扬雄八篇。

孙卿赋十篇。秦时杂赋九篇。李思《孝景皇帝颂》十五篇。广川惠王越赋五篇。长沙王群臣赋三篇。魏内史赋二篇。东䣙令延年赋七篇。师古曰,东䣙县名,䣙音移。卫士令李忠赋二篇。张偃赋二篇。贾充赋四篇。张仁赋六篇。秦充赋二篇。李步昌赋二篇。待郎谢多赋十篇。平阳公主舍人周长孺赋二篇。雒阳锜华赋九篇。师古曰,锜姓,华名,锜音鱼绮反。别栩阳赋五篇。服虔曰,栩音诩。臣昌市赋六篇。臣义赋二篇。黄门书者假史王商赋十三篇。侍中徐博赋四篇。黄门书者王广吕嘉赋五篇。汉中都尉丞华龙赋二篇。左冯翊史路恭赋八篇。右赋二十五家百三十六篇。

《客主赋》十八篇。《杂行出及颂德赋》二十四篇。《杂四夷及兵赋》二十篇。《杂中贤失意赋》十二篇。《杂思慕悲哀死赋》十六篇。《杂鼓琴剑戏》十三篇。《杂山陵水泡云气雨旱赋》十六篇。师古曰，泡，水上浮沤也；泡，音普交反；沤，音一侯反。《杂禽兽六畜昆虫赋》十八篇。《杂器械草木赋》三十三篇。《大杂赋》三十四篇。《成相杂辞》十一篇。《隐书》十八篇。师古曰，刘向《别录》云，隐书者，疑其言以相问，对者以虑思之，可以无不谕。右杂赋十二家，二百三十三篇。

《高祖歌诗》二篇。《泰一杂甘泉寿宫歌诗》十四篇。《宗庙歌诗》五篇。《汉兴以来兵所诛灭歌诗》十四篇。《出行巡狩及游歌诗》十篇。《临江王及愁思节士歌诗》四篇。《李夫人及幸贵人歌诗》三篇。《诏赐中山靖王子哙及孺子妾冰未央材人歌诗》四篇。师古曰，孺子，王妾之有品号者也；妾，王之众妾也，冰其名；材人，天子内官。《吴楚汝南歌诗》十五篇。《燕代讴雁门云中陇西歌诗》九篇。《邯郸河间歌诗》四篇。《齐郑歌诗》四篇。《淮南歌诗》四篇。《左冯翊秦歌诗》三篇。《京兆尹秦歌诗》五篇。《河东蒲反歌诗》一篇。《黄门倡车忠等歌诗》十五篇。《杂各有主名歌诗》十篇。《杂歌诗》九篇。《雒阳歌诗》四篇。《河南周歌诗》七篇。《河南周歌声曲折》七篇。《周谣歌诗》七十五篇。《周谣歌诗声曲折》七十五篇。《诸神歌诗》三篇。《送迎灵颂歌诗》三篇。《周歌诗》三篇。《南郡歌诗》五篇。右歌诗二十八家，一百一十四篇。

凡诗赋百六家，千三百一十八篇。入扬雄八篇。

《传》曰。不歌而诵谓之赋。登高能赋。可以为大夫。言感物造耑材知深美。师古曰，耑，古端字也，因物动志，则造辞义之端绪。可与图事。故可以为列大夫也。古者诸侯卿大夫。交接邻国。以微言相感。当揖让之时。必称《诗》以谕其志。盖以别贤不肖而观盛衰焉。故孔子曰。不学《诗》无以言也。师古曰，《论语》载孔子戒伯鱼之辞也。春秋之后。周道寖坏。师古曰，寖，渐也。聘问歌咏。不行于列国。学

《诗》之士。逸在布衣。而贤人失志之赋作矣。大儒孙卿及楚臣屈原。离谗忧国。皆作赋以风。师古曰，离遭也，风读曰讽，次下亦同。咸有恻隐古诗之义。其后宋玉、唐勒。汉兴枚乘、司马相如。下及扬子云。竞为侈丽闳衍之词。没其风谕之义。是以扬子悔之曰。诗人之赋丽以则。辞人之赋丽以淫。师古曰，辞人言后代之为文辞。如孔氏之门人用赋也。则贾谊登堂。相如入室矣。如其不用何。师古曰，言孔氏之门既不用赋，不可如何，谓贾谊相如无所施也。自孝武立乐府而采歌谣。于是有代赵之讴。秦楚之风。皆感于哀乐。缘事而发。亦可以观风俗。知薄厚云。序诗赋为五种。

《吴孙子兵法》八十二篇。图九卷。师古曰，孙武也，臣于阖闾。《齐孙子》八十九篇。图四卷。师古曰，孙膑。《公孙鞅》二十七篇。《吴起》四十八篇。有《列传》。《范蠡》二篇。越王句践臣也。《大夫种》二篇。与范蠡俱事句践。《李子》十篇。《娷》一篇。师古曰，娷，音女端反，盖说兵法者人名也。《兵春秋》三篇。《庞煖》三篇。师古曰，煖音许远反，又音许元反。《兒良》一篇。师古曰，大国时人也，儿音五奚反。《广武君》一篇。李左车。《韩信》三篇。师古曰，淮阴侯。右兵权谋十三家，二百五十九篇。省《伊尹》《太公》《管子》《孙卿子》《鹖冠子》《苏子》《蒯通》《陆贾》《淮南王》二百五十九种，出《司马法》，入礼也。○刘奉世曰，种当作重，九下又脱一篇字，注二百五十九，恐合作五百二十一，篇数已在前。权谋者。以正守国。以奇用兵。先计而后战。兼形势。包阴阳。用技巧者也。

《楚兵法》七篇。图四卷。《蚩尤》二篇。见《吕刑》。《孙轸》五篇。图二卷。《繇叙》二篇。《王孙》十六篇。图五卷。《尉缭》三十一篇。

《魏公子》二十一篇。图十卷。名无忌,有《列传》。《景子》十三篇。《李良》三篇。《丁子》一篇。《项王》一篇。名籍。右兵形势十一家,九十二篇,图十八卷。

形势者。雷动风举。后发而先至。离合背乡。师古曰,背,音步内反,乡,读曰嚮。变化无常。以轻疾制敌者也。

《太壹兵法》一篇。《天一兵法》三十五篇。《神农兵法》一篇。《黄帝》十六篇。图三卷。《封胡》五篇。黄帝臣依托也。《风后》十三篇。图二卷。黄帝臣,依托也。《力牧》十五篇。黄帝臣依托也。《鵊冶子》一篇。图一卷。晋灼曰,鵊,音夹。〇宋祁曰,冶,一作冶。《鬼容区》三篇。图一卷。黄帝臣依托。师古曰,即鬼臾区也。《地典》六篇。《孟子》一篇。《东父》三十一篇。《师旷》八篇。晋平公臣。《苌弘》十五篇。周史。《别成子望军气》六篇。图三卷。《辟兵威胜方》七十篇。右阴阳十六家,二百四十九篇,图十卷。

阴阳者。顺时而发。推刑德。随斗击。因五胜。假鬼神而为助者也。师古曰,五胜,五行相胜也。

《鲍子兵法》十篇。图一卷。《伍子胥》十篇。图一卷。《公胜子》五篇。《苗子》五篇。图一卷。《逢门射法》二篇。师古曰,即逢蒙。《阴通成射法》十一篇。《李将军射法》三篇。师古曰,李广。《魏氏射法》六篇。《强弩将军王围射法》五卷。师古曰,围,郁郅人也,见《赵充国传》。《望远连弩射法具》十五篇。《护军射师王贺射书》五篇。《蒲苴子弋法》四篇。师古曰,苴音子余反。《剑道》三十八篇。《手搏》六篇。《杂家兵法》五十七篇。《蹴鞠》二十五篇。师古曰,鞠以韦为之,实物,蹴蹋之以为戏也。蹴鞠陈力之事，故附于兵法焉。蹴，音子六反，鞠，音臣六反。右兵技巧十三家，百九十九篇。省《墨子》重，入《蹴鞠》也。技巧者。习手足。便器械。积机关。以立攻守之胜者也。

凡兵书五十三家，七百九十篇，图四十三卷。省十家二百七十篇，重入《蹴鞠》一家二十五篇，出《司马法》百五十五篇，入礼也。○刘奉世曰，此注二百七十一，又当作五百九十二，两注篇数皆不足，盖讹谬也。

兵家者。盖出古司马之职。王官之武备也。《洪范》八政。八曰师。孔子曰，为国者足食足兵。师古曰，《论语》载孔子之言，无兵与食不可以为国。以不教民战。是谓弃之。师古曰，亦《论语》所载孔子之言，非其不素习武备。明兵之重也。《易》曰。古者弦木为弧。剡木为矢。弧矢之礼。以威天下。师古曰，《下系》之辞也，弧木弓也剡谓锐而利之也，音弋冉反。其用上矣。后世耀金为刃。割革为甲。师古曰，耀读与铄同，谓销也。器械甚备。下及汤武受命。以师克乱而济百姓。动之以仁义。行之以礼让。《司马法》是其遗事也。自春秋至于战国。出奇设伏。变诈之兵并作。汉兴。张良韩信序次兵法。凡百八十二家。删取要用。定著三十五家。诸吕用事而盗取之。武帝时军政杨仆。○刘奉世曰，军政当作正。捃摭遗逸。纪奏兵录。师古曰，捃摭谓拾取之。捃，音九问反。摭，音之石反。犹未能备。至于孝成。命任宏论次兵书为四种。

《泰壹杂子星》二十八卷。《五残杂变星》二十一卷。师古曰，五残，星名也，见《天文志》。《黄帝杂子气》三十三篇。《常从日月星气》二十一卷。师古曰，常从，人姓名也，老子师之。《皇公杂子星》二十二卷。《淮南杂子星》十九卷。《泰壹杂子云雨》三十四卷。《国章观霓云雨》三十四卷。《泰阶六符》一卷。李奇曰，三台谓之泰阶，两两成体，三台故六，观色以知吉凶，故曰符。○宋祁曰，淳化本六作陆。《金度玉衡汉五星客流出入》八篇。《汉五星彗客行事占验》八卷。《汉日旁气行事占验》三卷。《汉流星行事占验》八卷。《汉日旁气行占验》十三卷。《汉日食月晕杂变行事占验》十三卷。《海中星占验》十二卷。《海中五星经杂事》二十二卷。《海中五星顺逆》二十八卷。《海中二十八宿国分》二十八卷。《海中二十八宿臣分》二十八卷。《海中日月彗虹杂占》十八卷。《图书秘记》十七篇。右天文二十一家，四百四十五卷。

天文者。序二十八宿。步五星日月。以纪吉凶之象。圣王所以参政也。《易》曰。观乎天文。以察时变。师古曰，贲卦之象辞也。然星事殟悍。非湛密者弗能由也。师古曰，殟，读与凶同；湛，读曰沈；由，用也。夫观景以谴形。非明王亦不能服听也。以不能由之臣。谏不能听之主。此所以两有患也。

《黄帝五家历》三十三卷。《颛顼历》二十卷。《颛顼五星历》十四卷。《日月宿历》十三卷。《夏殷周鲁历》十四卷。《天历大历》十八卷。《汉元殷周谍历》十七卷。《耿昌月行帛图》二百三十二卷。《耿昌月行度》二卷。《传周五星行度》三十九卷。《律历数法》三卷。《自古五星宿纪》三十卷。《太岁谋日晷》二十九卷。《帝王诸侯世谱》二十卷。《古来帝王年谱》五卷。《日晷书》三十四卷。《许商算术》二十六卷。《杜忠算术》十六卷。右历谱十八家，六百六卷。

历谱者。序四时之位。正分至之节。会日月星之辰。以考寒暑杀生之实。故圣王必正历数。以定三统服色之制。又以探知五星日月之会。凶厄之患。吉隆之喜。其术皆出焉。此圣人知命之术也。非天下之至材。其孰与焉。师古曰，与读曰豫。道之乱也。患出于小人而强欲知天道者。坏大以为小。削远以为近。是以道术破碎而难知也。

《泰一阴阳》二十三卷。《黄帝阴阳》二十五卷。《黄帝诸子论阴阳》二十五卷。《诸王子论阴阳》二十五卷。《太元阴阳》二十六卷。《三典阴阳谈论》二十七卷。《神农大幽五行》二十七卷。《四时五行经》二十六卷。《猛子闾昭》二十五卷。《阴阳五行时令》十九卷。《堪舆金匮》十四卷。师古曰，许慎云，堪，天道，舆，地道也。《务成子灾异应》十四卷。《十二典灾异应》十二卷。《钟律灾应》二十六卷。《钟律丛辰日苑》二十二卷。《钟律消息》二十九卷。《黄钟》七卷。《天一》六卷。《泰一》二十九卷。《刑德》七卷。《风鼓六甲》二十四卷。《风后孤虚》二十卷。《六合随典》二十五卷。《转位十二神》二十五卷。《羡门式》二十卷。《文解六甲》十八卷。《文解二十八宿》二十八卷。《五音奇胲用兵》二十三卷。如淳曰，音该。师古曰，许慎云，胲，军中约也。《五音奇胲刑德》二十一卷。《五音定名》十五卷。右五行三十一家，六百五十二卷。

五行者。五常之刑气也。《书》云。初一曰五行。次二曰羞用五事。师古曰，《周书·洪范》之辞也。言进用五事以顺五行也。貌言视听思心失。而五行之序乱。五星之变作。皆出于律历之数。而分为一者也。师古曰，说皆在《五行志》也。其法亦起五德终始。推其极则无不至。而小数家因此以为吉凶而行于世。寖以相乱。师古曰，寖，渐也。

《龟书》五十二卷。《夏龟》二十六。《南龟书》二十八卷。《巨龟》三十六卷。《杂龟》十六卷。《蓍书》二十八卷。《周易》三十八卷。《周易明堂》二十六卷。《周易随曲射匿》五十卷。《大筮衍易》二十八卷。《大次杂易》三十卷。《鼠序卜黄》二十五卷。《于陵钦易吉凶》二十三卷。《任良易旗》七十一卷。《易卦》八具。右蓍龟十五家，四百一卷。

　　蓍龟者。圣人之所用也。《书》曰。则有大疑。谋及卜筮。师古曰，《周书·洪范》之辞也，言所为之事有凝，则以卜筮决之也。龟曰卜，蓍曰筮。《易》曰。定天下之吉凶。成天下之亹亹者。莫善于蓍龟。是故君子将有为也。将有行也。问焉而以言。其受命也如向。无有远近幽深。遂知来物。非天下之至精。其孰能与于此。师古曰，皆《上系》之辞也。亹，深致也，言君子所为行，皆以其言问于易，受命如向者，谓示以吉凶，其应速疾，如向之随声也，遂犹究也，来物谓当来之事也，向与响同，与读曰豫。及至衰世。解于齐戒。而娄烦卜筮。师古曰，解读曰懈，齐读曰斋，娄读曰屡。神明不应。故筮渎不告。《易》以为忌。师古曰，《易·蒙卦》之辞曰，初筮告，再三渎，渎则不告。言童家蒙之来决凝，初则以贵而告，至于再三，为其烦渎，乃不告也。龟厌不告。诗以为刺。师古曰，《小雅·小旻》之诗曰，我龟既厌，不我告犹。言卜问烦数，媟嫚于龟，龟灵厌之，不告以道也。

　　《黄帝长柳占梦》十一卷。《甘德长柳占梦》二十卷。《武禁相衣器》十四卷。《嚏耳鸣杂占》十六卷。师古曰，嚏，音丁计反。《祯祥变怪》二十一卷。《人鬼精物六畜变怪》二十一卷。《变怪诰咎》十三卷。《执不祥劾鬼物》八卷。《请官除訞祥》十九卷。师古曰，訞字与妖同。《禳祀天文》十八卷。师古曰，禳，除灾也，音入羊反。《请祷致福》十九卷。《请雨止雨》二十六卷。《泰壹杂子侯岁》二十二卷。《子赣杂子侯岁》二十六卷。《五法积贮宝藏》二十三卷。《神农教田相土耕种》十四卷。《昭明子钓种生鱼鳖》八卷。《种树臧果相蚕》十三卷。右杂占十八家，三百一十三卷。

  杂占者，纪白事之象，候善恶之让。师古曰，征，让也。《易》曰，占事知来。师古曰，《下系》之辞也。言有事而占，则睹方来之验也。众占非一而梦为大。故周有其官。师古曰，谓大卜掌三梦之法，又占梦中士二人，皆宗伯之属官。而《诗》载熊罴虺蛇众鱼旐旟之梦。著明大人之占。以考吉凶。师古曰，《小雅·斯干》之诗曰，吉梦维何，维熊维罴，男子之祥，维虺维蛇，女子之祥。《无羊》之诗曰，牧人乃梦，众维鱼矣，旐维旟矣。大人占之，众维鱼矣，实维丰年，旐维旟矣，室家溱溱。言熊罴虺蛇皆为吉祥之梦。而生男女，及见众鱼，则为丰年之应。旐旟则为多盛之象。大人占之，谓以圣人占梦之法占之也。画龟蛇曰旐、鸟隼曰旟。盖参卜筮。春秋之说訞也。曰。人之所忌。其气炎以取之。訞由人与也。人失常则訞兴。人无衅焉。訞不自作。师古曰，申繙之辞也，事见庄公十四年。炎为火之光始焰焰也，言人之所忌，其气焰引致于灾也。衅，瑕也，失常谓反五常之德也，炎读与焰同。故曰。德胜不祥。义厌不惠。师古曰，厌，音伊叶反，惠，顺也。桑谷共生。太戊以兴。雊雉登鼎。武丁为宗。师古曰，说在《郊祀》、《五行志》。然惑者不稽诸躬而忌訞之见。师古曰，稽考也，计也。是以《诗》刺召彼故老。讯之占梦。师古曰，《小雅·正月》之诗也。故老，元老也，言不能修德以禳灾，但问元老以古梦之吉凶。伤其舍本而忧末。不能胜凶咎也。

  《山海经》十三篇。《国朝》七卷。《宫宅地形》二十卷。《相人》二十四卷。《相宝剑刀》二十卷。《相六畜》三十八卷。右形法六家，百二十二卷。

形法者。大举九州之执。以立城郭室舍。形人及六畜骨法之度数。器物之形容。以求其声气贵贱吉凶。犹律有长短而各征其声。非有鬼神。数自然也。然形与气相首尾。亦有有其形而无其气。有其气而无其形。此精微之独异也。

凡数术百九十家，二千五百二十八卷。

数术者。皆明堂羲和史卜之职也。史官之○宋祁曰，史官之字下，旧本有术字。废久矣。其书既不能具，虽有其书而无其人。《易》曰，苟非其人，道不虚行。师古曰，《下系》之辞。言道由人行。春秋时。鲁有梓慎。郑有裨灶。晋有卜偃。宋有子韦。六国时。楚有甘公。魏有石申夫。汉有唐都。庶得粗觕。师古曰，觕，相略也，音才户反。盖有因而成易。无因而成难。故因旧书以序数术为六种。

《黄帝内经》十八卷。《外经》三十七卷。《扁鹊内经》九卷。《外经》十二卷。《白氏内经》三十八卷。《外经》三十六卷。《旁篇》二十五卷。右医经七家，二百一十六卷。

医经者。原入血脉经络骨髓阴阳表里。以起百病之本。死生之分。而用度箴石汤火所施。师古曰，箴所以刺病也；石谓砭石，即古箴也，古者攻病则有砭，今其术绝矣；箴，音之林反；砭，音彼廉反。调百药齐和之所宜。师古曰，齐，音才诣反，其下并同。和，音呼卧反。至齐之得。犹慈石取铁。以物相使。拙者失理。以瘉为剧。以死为生。师古曰，瘉读与愈同，愈，差也。

《五藏六府痹十二病方》三十卷。师古曰，痹，风湿之病，音必二反。

《五藏六府疝十六病方》四十卷。师古曰，疝，心腹气病，音山谏反，又音删。《五藏六府瘅十二病方》四十卷。师古曰，瘅黄病，音丁韩反。《风寒热十六病方》二十六卷。《泰始黄帝扁鹊俞拊方》二十三卷。应劭曰，黄帝时医也。师古曰，坿音肤。《五藏伤中十一病方》三十一卷。《客疾五藏狂颠病方》十七卷。《金创瘛瘲方》三十卷。服虔曰，音瘅引之瘅。师古曰，小儿病也。瘛音充制反，瘲音子用反。《妇人婴儿方》十九卷。《汤液经法》三十二卷。《神农黄帝食禁》七卷。右经方十一家，二百七十四卷。

　　经方者。本草石之寒温。量疾病之浅深。假药味之滋。因气感之宜。辩五苦六辛。致水火之齐。以通闭解结。反之于平。及失其宜者。以热益热。以寒增寒。精气内伤。不见于外。是所独失也。故谚曰有病不治。常得中医。

《容成阴道》二十六卷。《务成子阴道》三十六卷。《尧舜阴道》二十三卷。《汤盘庚阴道》二十卷。《天老杂子阴道》二十五卷。《天一阴道》二十四卷。《黄帝三王养阳方》二十卷。《三家内房有子方》十七卷。右房中八家，百八十六卷。

　　房中者。情性之极。至道之际。是以圣王制外乐以禁内情。而为之节文。传曰先王之作乐。所以节百事也。乐而有节。则和平寿考。及迷者弗顾。以生疾而陨性命。

《宓戏杂子道》二十篇。《上圣杂子道》二十六卷。《道要杂子》十八卷。《黄帝杂子步引》十二卷。《黄帝岐伯按摩》十卷。《黄帝杂子芝菌》十八卷。师古曰，服饵芝菌之法也。菌，音求闵反。《黄帝杂子十九家方》二十一卷。《泰壹杂子十五家方》二十二卷。《神农杂子技道》二十三卷。《泰壹杂黄冶》三十一卷。师古曰，黄冶释在《郊祀志》。右神仙十家，二百五卷。

神仙者。所以保性命之真。而游求于其外者也。聊以荡意平心。同死生之域。师古曰，荡涤一曰荡放也。而无怵惕于胸中。然而或者专以为务。则诞欺怪迂之文。弥以益多。师古曰，诞，大言也，迂，远也。非圣王之所以教也。孔子曰。索隐行径。后世有述焉。吾不为之矣。师古曰，《礼记》载孔子之言，索隐，求索隐暗之事，而行怪迂之道，妄令后人有相述，非我本志。〇臣侞曰，《志》序神仙者内云，孔子曰，索隐行怪，颜师古注云，《礼记》载孔子之言，索隐，求索隐暗之事，臣侞案《礼记·中庸篇》有云，子曰，索隐行怪，后世有述焉，吾弗为之矣。郑玄注云，素读如攻城攻其所傃之傃，傃犹乡也，言方乡遯害隐身，而行佹谲，以作后世名也，弗为之矣，耻之也。今《志》作索隐，师古从而解之，文注即与《礼记》不同，意义亦不相远，故索字不更刊正作素字。

方技者。皆生生之具。王官之一守也。大古有岐伯俞拊。中世有扁鹊秦和。师古曰，和，秦医名也。盖论病以及国。原诊以知政。师古曰，诊，视验，谓视其脉及色候也。诊音轸，又音文刃反。汉兴。有仓公。今其技术晻昧。师古曰，晻与暗同。故论其书。以序方技。为四种。

大凡书，六略三十八种，五百九十六家，万三千二百六十九卷。入三家五十篇，省兵十家。

《宝礼堂宋本书录》序
（张元济）

　　文化之源，系于书契；书契之利，资于物质，结绳既废，漆书竹简而已；笔墨代兴，乃更缣帛。后汉蔡伦造纸，史称莫不从用，然书必手写，制为卷轴，事涉繁重，功难广远。越八百余年，而雕版兴。人文蜕化，既由朴而华；艺术演进，亦由粗而精，故昉于晚唐，沿及五代，至南北宋而极盛。西起巴蜀，东达浙、闽，举凡国监、官廨、公库、郡斋、书院、祠堂、家塾、坊肆无不各尽所能，而使吾国文化日趋于发扬光大之境。此其工事之美善，有可得而言者：一曰写本，镌工之美恶，视乎书法之优劣。宋本可贵，以其多出能书者之手。王溥《五代史会要》："后唐长兴三年二月中书门下奏请依《石经》文字，刻《九经》印板，敕令国子监集博士儒徒，将西京《石经》本各以所业本经句度，抄写注出，子细看读，然后顾召能雕字匠人，各部随帙刻印板，广颁天下。其年四月，敕差太子宾客马缟、太常丞陈观、太常博士段颙、路航，尚书屯田员外郎田敏充详勘官，兼委国子监于诸色选人中，召能书人，端楷写出，旋付匠人雕刻。"王明清《挥麈余话》："后唐平蜀，明宗命太学博士李锷书《五经》，仿其制作，刊板于国子监。"《宋史·赵安仁传》："安仁生而颖悟，幼时执笔，能大字。雍熙二年登进士第，补梓州榷盐院判官，以亲老勿果往。会国子监刻《五经正义》板本，以安仁善楷隶，遂奏留书之。"洪迈《容斋续笔》："予家有旧监本周礼，其末云：'大周广顺三年癸丑五月雕造《九经》书毕，前乡贡《三礼》郭嶬书《经典释文》。'末云：显德六年己未三月太庙室长朱延熙书，此书字画，端严有楷法，更无舛误。士人笔札，犹有正观遗风，故不庸俗，可以传远。"余所见者，有绍兴覆端拱本《周易正义》，书者为乡贡进士张寿。又绍兴覆淳化本《毛诗正义》，书者为广文馆进士韦宿、乡贡进士陈元吉、承奉郎守大理评事张致用、承奉郎守光禄寺丞赵安仁，此皆官家所刊之书。其刊于私家者，亦多踵行。先是孟蜀时，毋昭裔在成都，令门人句中正、孙逢吉书《文选》、《初学记》、《白氏六帖》镂板，其子守素赍至中朝，行于世。事载《宋史·毋守素传》。句、孙二子均有书名。本传："中正，益州，华阳人。昭裔奏授崇文馆校书郎，精于字学，古文、篆、隶、行、草无不工。逢吉常为蜀国子《毛诗》博士，检校刻《石经》。"又《徐铉传》："弟锴亦善小学，尝以许慎《说文》，依四声，谱次为十卷，目曰《说文解字韵谱》。铉亲为之篆，镂板以行于世。"《旧五代史·和凝传》："平生为文章，长于短歌艳曲，有集百卷，自篆于版，模印数百帙。"钱曾《读书敏求记》："《坡诗注》武子因傅穉汉儒善欧书，俾书之以锓板者，曾见于绛云楼中。"凡此皆有姓名可稽者，其他即不出于专家，不成于一手，亦多下笔不苟，体格谨严，虞、褚、欧、颜，各擅其胜，直可与碑版齐观。今有所谓宋体者，世每以为胚胎宋刻，实则起于有明正、嘉之际，刻画无盐，毫无生意，乃匠役之所为，而宋刻原不尔尔也。二曰开版，古有铜版，岳珂《刊正九经三传沿革例》，自言家塾所藏，有晋天福铜版本；后有人得韩文，"《易》奇而法，《诗》正而葩，《春秋》谨严，《左氏》浮夸"十六字铜范者，蔡澄、张廷济均谓是宋太宗初年颁行天下刻书之式。然今所传铜版印本，仅为有明建业张氏、锡山安氏及华氏会通馆、兰雪堂所制，而宋本已无一存。其次为泥版，沈括《梦溪笔谈》：庆历中有布衣毕昇为活板，其法用胶泥刻字，薄如钱唇，每字为一印，火烧令坚。先设一铁板，其上以松脂蜡和纸灰之类冒之。欲印，则以一铁范置铁板上，乃密布字印，满铁范为一板。持就火炀之，药稍镕，则以一平板按其面，则字平如砥。若止印三二本，未为简易，若印数十百千本，则极为神速。常作二铁板，一板印刷，一板已自布字，此印者才毕，则第二版已具，更互用之，瞬息可就。然其印本，今亦不传。传于今者，厥惟木板。刊印之便，宜莫如木，若梨若枣，取用尤繁，故当时所称曰锓板，曰锓梓，曰绣梓，曰刻板，曰镂板，曰雕造，曰模刻，曰板行，无不与木为缘。揆其功能，实远出范金合土之上。维时剞劂盛行，上下交励，其敕刊诸书，有督刊诸臣，管干雕造官者无论矣；即诸路军州所刊官本，如绍兴十七年黄州刻王黄州《小畜集》，有监雕造右文林郎军事推官宗亚昌、右文林郎军事判官王某二人。嘉泰五年吉州刻《文苑英华》，提督雕造者为成忠郎新差充筠州临江军巡辖马递铺权周少傅府使王思恭。余尝为涵芬楼收宋镇江本《说苑》，卷末有"咸淳乙丑九月乡贡进士直学胡达之视役"一行。又明覆宋括苍本《沈氏三先生集》，卷末有"从事郎处州司理参军高布重校兼监雕"一行。督责既严，工技自进。下逮临安陈氏、建安余氏，鬻书营利，亦靡不各炫己长，别开风气。鸿编巨帙，雕镂精严。其最可取法者，举每叶大小之字数，列本版起讫之岁时，而镌工姓名，一一标载。此可见责任之攸归，自不肯苟焉从事也。三曰印刷，使写刻俱工，而所需纸墨，不足相副，则前功几于尽弃。尝读叶盛《水东日记》："宋时所刻书，皆洁白厚纸所印，乃知古人于书籍，不惟雕镌不苟，虽摹印亦不苟也。"项元汴《蕉窗九录》："宋书纸坚刻软，字画如写，用墨稀薄，虽着水湿燥无湮迹，开卷一种书香，自生异味。"孙从添《藏书记要》："若果南北宋刻本，纸质罗纹不同，字画刻手古劲而雅，墨气香澹，纸色苍润，展卷便有惊人之处。"凡兹绪论，匪托空谈，略举前言，以为佐证。周密《志雅堂杂钞》："廖群玉诸书，皆以抚州萆钞清江纸，油烟墨印造，所开韩柳文尤精好。"王世贞《宋刻本汉书跋》："余平生所购《周易》、《礼经》、《毛诗》、《左传》、《史记》、《三国志》、《唐书》之类，过三千余卷，皆宋本精绝，最后班范二《书》，尤为诸本之冠。桑皮纸白洁如玉，四旁宽广，字大者如钱，绝有欧、柳笔法，细书丝发肤致，墨色精纯。"又《六臣注文选跋》："余所见宋本《文选》，亡虑数种，此本缮刻极精，纸用澄心堂，墨用奚氏，旧为赵承旨所赏。"按抚州萆钞，今已不传，所开韩柳文，原书犹存，纸至精美。桑皮质理坚致，至今犹为造纸良材。澄心堂为江南李后主遗制。梅圣俞诗有百金一枚之语。油烟即宋世艳称之蒲大韶墨。奚氏家居易水，世业造墨。唐时墨工有奚鼐、奚鼎、奚超，超后渡江，卜居宣、歙，为李后主制墨，赐姓李氏。其子廷珪、廷宽、廷宴所制，均有名，而廷珪为尤著。据此可信其印造之精矣。其他有用椒纸者，天禄琳琅宋板《春秋经传集解》，后有木记，"淳熙三年八月十七日左廊司局内曹掌典秦玉桢等奏闻壁经《春秋左传》、《国语》、《史记》等多为蠹鱼伤牍，未敢备进上览。奉敕用枣木椒纸，各造十部。四年九月进览，监造臣曹栋校梓，司局臣郭庆验牍"。又有用鸡林纸者。张萱《疑耀》：长睿得鸡林小纸一卷，书章草《急就》。余尝疑之，幸获校秘阁书籍，每见宋板书，多以官府文牒，翻其背，印即行，如《治平类篇》一部，四十卷，皆元符二年及崇宁五年公私文牍笺启之故纸也。其纸极坚厚，背面光泽如一，故可两用。即余所见建阳刊本《六臣注文选》，墨光灿烂，扪之隆起，纸亦莹洁无瑕，殆足与赵承旨本媲美。此亦可为明证也。四曰装潢，《隋书经籍志》："秘阁之书为三品：上品红琉璃轴，中品绀琉璃轴，下品漆轴。"《旧唐书经籍志》："开元时甲乙丙丁四部书，各为一部，库书两京各一本，其集贤院御书经库，皆钿白牙轴黄缥带，红牙签；史库，皆钿青牙轴缥带，绿牙签；子库，皆雕紫檀轴紫带，碧牙签；集库，皆绿牙轴，朱带，白牙签，以分别之。"然此皆古写卷子所用，而不宜于印本。张邦基《墨庄漫录》："王洙原叔内翰尝云，作书册粘叶为上，久脱烂，苟不逸去，寻其次第，足可钞录，屡得逸书，以此获全。若缝繢，岁久断绝，即难次序。初得董氏《繁露》数册，错乱颠倒。伏读岁余，寻绎缀次，方稍完复，乃缝繢之弊也。尝与宋宣猷谈之，公悉令家所录者，作粘法。"予尝见旧三馆黄本书，乃白本书，皆作粘叶，上下栏界，皆界出于纸叶，后在高邮借孙莘老家书，亦作此法。又见铁穆父所蓄，亦如是，多只用白纸作缥，黄纸作狭签字，盖前辈多用此法。王氏所谓缝繢者，不知何如？惟粘叶法，似即后来所称之蝴蝶装。张萱《疑耀》："秘阁中所藏宋板书，皆如今制，乡会进呈试录，谓之蝴蝶装。其糊经数百年不脱落。"宋人旧制，今犹有存者，其法以正书反折向内，书口向外，版心齐叠，粘连护帙，翻阅之时，正如蝴蝶展开双翅，与今之西洋书同式。特彼则纸厚双面印，我则纸薄一面印耳。又有所谓旋风装者，钱曾《读书敏求记·云烟过眼录》云："焦达卿有吴彩鸾书《切韵》一卷，予从延令季氏曾睹其真迹，逐叶翻看，展转至末，仍合为一卷。"张邦基

《墨庄》云,旋风叶即此,真历代之奇宝,因悟古人玉燹金题之义。今季氏凌替,此卷归之不知何人?世无有赏鉴其装潢者,惜哉!自线装行而以上诸式皆废。孙从添尝言见宋刻本,衬书纸,古人有用澄心堂纸,书面用宋笺者,亦有用墨笺洒金书面者,书签用宋签藏经纸、古色纸为上。此即指线装书言,而宋本之珍贵,更可见一斑矣。余喜蓄事,尤嗜宋刻,固重其去古未远,亦爱其制作之精善,每一展玩,心旷神怡。余尝言一国艺事之进退,与其政治之隆污、民心之仁暴,有息息相通之理。况在书籍,为国民智识之所寄托,为古人千百年之所留贻。抱残守缺,责在吾辈。友人潘君明训,与余有同好,闻余言亦不以为谬。每估人挟书登门求沽,辄就余考其真赝,评其高下,苟为善本,重值勿吝;但非宋刻,则不屑措意。十余年来旁搜博采,骎骎与北杨南瞿相颉颃。因综所得,辑为宋本书录,既成,示余,余尝登宝礼之堂,纵观所藏,琳琅满目,如游群玉之府。簿而录之,以诏来者,虽曰流略之绪余,抑亦艺林之炳烛矣。虽然,今之为是业者,借口于推广文化,谓出版之事,不惟其精而惟其廉。于是方寸之册,字盈亿万,纸粗墨埃,触目生厌。装置陋劣,转瞬散落,而为之者方翘然自号于众曰,吾能为贱鬻之书。呜呼!此直铲灭文明而返于草昧之途耳。文化云乎哉?推广云乎哉?余读兹编,有感于怀,不知读者视之,又作何感也?

图书在版编目(CIP)数据

文献学与工具书使用法/王欣夫编著.—上海：复旦大学出版社,2024.9
(文献学基本丛书/吴格主编. 第一辑)
ISBN 978-7-309-17141-9

Ⅰ.①文… Ⅱ.①王… Ⅲ.①文献学②工具书-使用方法 Ⅳ.①G256②G254.925

中国国家版本馆 CIP 数据核字(2023)第 247808 号

文献学与工具书使用法
王欣夫　编著
责任编辑/顾　雷

复旦大学出版社有限公司出版发行
上海市国权路 579 号　邮编：200433
网址：fupnet@fudanpress.com　http://www.fudanpress.com
门市零售：86-21-65102580　团体订购：86-21-65104505
出版部电话：86-21-65642845
上海盛通时代印刷有限公司

开本 890 毫米×1240 毫米　1/32　印张 6.625　字数 142 千字
2024 年 9 月第 1 版
2024 年 9 月第 1 版第 1 次印刷

ISBN 978-7-309-17141-9/G·2555
定价：45.00 元

如有印装质量问题,请向复旦大学出版社有限公司出版部调换。
版权所有　　侵权必究